슈퍼코끼리

인도가 온다

인도 경제의 오늘과 내일

슈퍼코끼리 인도가 온다

오 화 석 지음

매일경제신문사

"인도는 없다"

인도에 다녀온 사람들이 흔히 하는 말이다. 언론에서는 인도가 한창 발전하고 있다고 하는데 실제로 인도에 가보면 매우 실망스럽다는 것이다. 길거리는 지저분하고 사람들 행색은 초라하기 짝이 없다. 거리를 달리는 차들과 건물도 낡고 오래돼 경제발전의 활력보다 가난한 후진국이란 생각밖에 안 든다고 한다.

일리 있는 말이다. 인도는 전기가 부족해 하루에도 몇 번씩 전기가 나가고, 절반의 가정에 전기가 들어오지 않는다. 또 극심한 공무원들의 부정부패, 열악한 사회기반시설, 처참한 가난 등 문제가 한두 가지가 아니다.

가난이 얼마나 심각한지 통계를 인용해보자. 세계은행에 따르면 하루 1달러 이하의 돈으로 생계를 유지하는 극빈 인구가 2억 6,000

만 명에 이른다. 우리나라 전체 인구의 5배가 넘는 사람들이 처절한 가난에 신음하고 있는 것. 어린이 영양 실태는 어떤가. 세계은행은 6세 이하의 인도 어린이 절반이 영양실조 상태에 있다고 밝힌다.

그러나 불행하게도 정부는 이를 해결할 돈이 없다. 정부 재정이 바닥 났기 때문이다. 또 인도는 수(數)가 발달해 구구단이 아닌 19단을 외우는 나라라고 우리나라에 소문이 났지만, 사실 초등교육은 열악하기 짝이 없다. 많은 공립초등학교에선 간단한 산수도 가르치지 못할 만큼 초등교육이 부실하다.

국민들의 공중도덕도 한심한 수준이다. 인도 도시 거리를 걷다 보면 여기저기서 암모니아 냄새가 물씬 풍긴다. 사람들이 거리에 싼 오줌 냄새다. 공중화장실이 없다 보니 점잖은 사람조차도 거리에다 '실례'를 하는 경우가 많다. 심지어 엉덩이를 까고 대변을 보는 경우도 종종 발견된다. 이런 모습을 보면 "한심한 인도, 인도는 아직 멀었어"란 한탄이 절로 나온다.

그러나 이는 천(千)의 얼굴을 하고 있는 인도의 어두운 단면일 뿐이다. 조금만 주의를 기울여보면 최근 급변하는 인도의 실체가 다가온다. 도시 곳곳에는 주택, 공장, 빌딩 등 건축 열기가 뜨겁고, 개발 열풍으로 인해 부동산 값은 하늘 높은 줄 모르고 치솟고 있다. 휴대폰 신규 가입자가 매달 약 500~600만 명이나 되고, 쇼핑몰마다 사람들로 장사진을 이루고 있다. 또 인도로 가는 항공기는 항상 만석이고, 호텔은 수십 만 원을 주고도 잡기 어려운 실정이다.

인도가 욱일승천(旭日昇天)하는 진면목은 정보기술(IT) 산업 발전에서 확인한다. 인도의 IT소프트웨어 서비스 기술과 품질은 세계 최고이며, 이 분야 매출과 수출은 미국에 이어 세계 2번째다. 이들 인도 IT회사 안에 들어가면 경탄을 금치 못한다. 선진국 기업들이 놀라 도망 갈 정도로 최첨단이기 때문이다. 이런 모습을 보면 꿈틀거리는 인도의 힘과 잠재력에 놀라움을 넘어 두려움을 느낄 정도다.

비단 IT분야뿐 아니다. IT분야에서 타오른 성장의 불길은 생명공학(BT), 의학, 제조업 등으로 옮겨 붙고 있다. 이들 분야에서도 세계에 내로라 할 만한 월드클래스 기업들이 속속 출현하고 있다.

국제적으로도 인도의 부상(浮上)은 초대형 이슈다. 미국을 위시한 중국, 러시아, 유럽 등 세계 많은 나라들은 인도와의 관계 개선을 외교정책의 최우선으로 삼고 있다. 미국은 인도가 핵확산금지조약(NPT)을 준수하지 않음에도 불구하고 평화적 핵무기를 만들 수 있도록 허용하는 등 인도에 온갖 추파를 던지고 있다. 또 세계 지도자들의 모임인 스위스 다보스 포럼 등 국제 무대에선 각국 외교 사절들이 너도나도 인도 대표와 대화하려 기를 쓴다. 인도 정부의 슬로건처럼 지금 '인도는 어디에나 있고(India everywhere)', '놀라운 인도(Incredible India)'로 변신하고 있는 것이다.

이 책은 21세기 초(超)강국으로 부상하는 '코끼리의 나라' 인도의 변화와 발전상, 잠재력을 보여주고자 기획됐다. 필자는 지난 2000년 8월 인도 취재를 다녀와 매일경제신문에 '인도 IT에서 배운다' 기획

시리즈로 국내 언론으론 최초로 인도 IT발전상을 국내에 심층보도한 바 있다. 이후 2005년 말 다시 인도를 방문해 인도 경제의 변화상에 대해 기획 보도하는 등 21세기 슈퍼파워로 부상하는 인도를 계속 주시해왔다.

이 책은 지난 2000년 8월과 2005년 12월 매일경제신문에 각각 연재된 '인도 IT에서 배운다'와 '질주하는 인도' 기획시리즈를 뼈대로 쓰여졌다. 그러나 지면제약 상 당시 신문에 게재되지 못했던 내용과 인도 경제에 대해 중요하다고 생각되는 사항을 새로 취재해 내용을 대폭 보강했다. 주요 통계 등도 2006년 말 기준으로 모두 업데이트했다.

인구 11억이 넘는 거대한 나라 인도 경제를 책 한 권에 기술한다는 것은 애초 불가능한 일이다. 그러나 필자는 이 책 속에 최근 인도 경제가 발전하는 중요한 모습들을 가능한 담으려고 노력했다. 독자들이 이 책을 읽은 후 적어도 "인도가 이렇게 변하고 있구먼"이라는 느낌은 가질 수 있도록 최선을 다했다. 따라서 독자들이 이 책 덕분에 인도와 인도 경제에 대한 큰 그림을 그릴 수 있고, 인도 비즈니스 등에 대한 귀중한 정보나 아이디어를 얻을 수 있다면 더할 나위 없는 기쁨이겠다.

비록 졸저이긴 하나 이 책이 나오기까지는 많은 사람들의 도움이 있었다. 인도 취재 시 적극적으로 협조해주신 최정일 인도 주재 대사, 김규출 삼성전자 인도연구소(SISO) 소장, 김광로 LG전자 인도법인장, 오석하 삼성전자 인도법인장, 기세명 KOTRA 뉴델리 무역관장 등을 비롯한 많은 분들께 감사드린다. 아울러 인도 취재를 물심양면으로 도와주신 한명규 전 매일경제신문 편집국장(현 논설실장)과 손현덕 경제부장께도 감사의 말씀을 올린다. 또한 인도 관련 사진을 이 책에 게재토록 흔쾌히 허락해준 매일경제 사진부 이충우 기자, 그리고 책을 쓰는 동안 곁에서 많은 비판과 조언을 아끼지 않은 아내 우희정에게도 이 자리를 빌어 고마움을 전한다.

마지막으로, 이 책을 읽으실 독자들께도 진심 어린 인사를 올린다.

나마스떼! ('나는 당신을 존중하고 사랑합니다' 란 인도 말)

오 화 석

Contents

3부 고민하는 인도 . . . 169

01

일어서는 인도

눈뜨고 못 볼 가난의 참상

김포공항을 이륙한 비행기가 약 8시간 만에 인도 최대 도시 뭄바이(옛 봄베이) 공항 상공에 도착했다.

8월이면 한창 우기이긴 하지만 아주 맑은 날씨다. 옥처럼 파란 하늘, 솜사탕 같은 하얀 뭉게구름과 어울려 인구 1,300만의 거대 항구 도시 뭄바이가 아름다운 모습으로 한눈에 다가왔다. 그러나 비행기가 고도를 낮추며 하강하자 이 같은 뭄바이에 대한 첫 인상은 점차 놀라움과 충격으로 바뀌어 갔다. 인도 가난의 참상이 처절하게 다가왔기 때문이다.

건물다운 건물이나 주택이 거의 없었다. 고층 건물은 대개 낡고 헐어 대낮에 유령이라도 나올 듯하고 나머지 거주지는 '거지 촌'이나

인도 정보기술(IT) 허브인 벵갈루루 시내 전경. 그다지 높지 않은 건물들과 울창한 나무들로 어우러져 미국의 실리콘밸리를 연상시킨다.

다름없다. 우리나라 시골 한 구석에 버려진 화장실 같은 지저분한 움막집들이 서로 엮여 끝없이 이어지고 있다. 그곳에 먹지 못해 깡마른 '검은 군상' 들이 빼곡히 들어차 있다. 이 곳이 과연 사람이 사는 도시란 말인가. 처참한 극빈의 참상을 차마 눈뜨고 볼 수가 없다.

뭄바이 국제공항 인근 극빈의 현장을 잠시 둘러본 후 목적지인 벵갈루루로 향했다. 인도 남중부 해발 920m 고지에 위치한 벵갈루루는 뭄바이에서 비행기로 1시간 반 정도 소요되는 인구 700만 명의 대도시다. 벵갈루루에서는 또 다른 충격이 기다리고 있었다. 그러나 이는 뭄바이와는 정반대의 충격이었다.

'인도의 실리콘밸리' 로 불리는 벵갈루루는 뭄바이에서와 같은 극빈의 흔적은 찾아볼 수 없다. 거리에는 외제 차들이 즐비하고 건물은 높지는 않지만 신식 건물로 숲을 이루고 있으며 사람들 차림도 한결같이 깨끗하다. 이런 모습은 울창하게 우거진 주변 나무숲과 어울려 정말로 미국 실리콘밸리 단지를 연상시킨다.

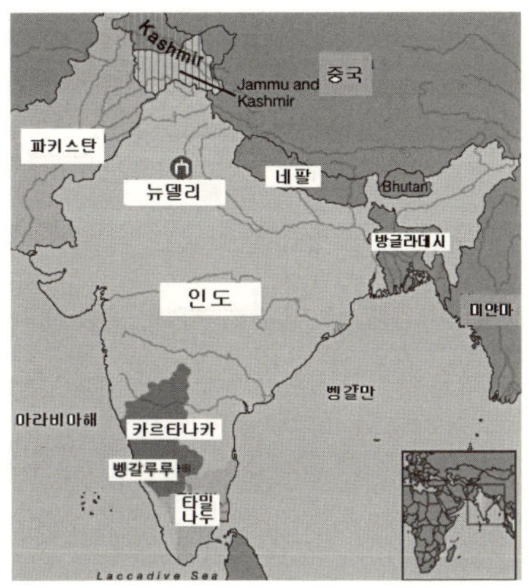

벵갈루루 지도

첨단과 원시가 공존

극빈과 호화, 원시와 첨단이 뚜렷이 공존하는 곳 인도. 태고적 은둔과 무기력, 결코 벗어날 수 없을 것 같은 가난의 굴레를 뒤집어쓰고 있는 나라 인도에 벵갈루루를 중심으로 인도 전역에서 첨단 정보기술(IT) 혁명이 힘차게 진행되고 있다.

인도가 21세기 첨단 IT 산업 슈퍼 파워를 꿈꾸며 IT 중심의 새로운 경제 발전 모델을 실험하고 있다. 총 인구 11억 명에 연간 개인당 국민소득(GDP)이 730달러에 불과한 인도가 빈곤 타파와 국가 발전을 위해 '혁명'을 선언한 것이다. 그러나 이를 극빈 국가 인도의 엉뚱한 몽상이라고 치부하면 큰 오산이다. 현재 인도에는 소프트웨어(S/W)를 중심으로 IT 산업이 크게 붐을 이루고 있고, 세계 유수의 IT 기업들과 벤처 자본이 물밀듯이 진출하고 있다.

17

인도 IT 혁명의 견인차는 단연 소프트웨어 분야다. 인도 소프트웨어 산업은 지난 15년간 연평균 50% 이상 성장했다. 지난 1991년 5,500만 달러였던 인도 IT 소프트웨어 수출은 2006년 회계연도(2005년 4월~2006년 3월) 236억 달러로 늘어나 15년 만에 400배 이상 증가했다. 기하급수적인 증가세다.

세계적 컨설팅 회사인 맥킨지와 세계은행은 2008년 인도 소프트웨어 수출이 870억 달러 규모에 달할 것이란 보고서를 내놓기도 했다. 이 경우 인도는 세계 소프트웨어 수요(2,250억 달러 추산)의 40%를 점하게 된다. 'IT 슈퍼 파워'란 꿈이 장난이 아닌 것이다.

현재 인도 소프트웨어 산업은 데이터 코딩 등 단순 하청 생산에서 E-비즈니스, 인터넷, 텔레커뮤니케이션, 연구개발(R&D), 지식산업(KPO), 이동통신 등 부가가치가 높은 하이테크 쪽으로 급속히 전환되고 있다. 이와 함께 시스코시스템스, 마이크로소프트(MS), 오라클, 모토로라, 휴렛팩커드(HP) 등 전 세계 유명 기업과 벤처 자본이 속속 인도에 둥지를 틀었다. 인도 소프트웨어기업협회(NASSCOM)에 따르면 〈포천〉 500대 기업 중 현재 250개가 넘는 기업이 인도에서 아웃소싱(외부 주문)하고 있다.

키란 카르니크 NASSCOM 대표는 "현재 1,000개가 넘는 인도 IT 기업이 수출활동을 하고 있다. 이 분야에 고용된 전문 인력만 100만 명이 넘는다"고 자랑했다. 이는 미국을 제외하면 세계 최대 규모다.

카르니크 대표는 또 "인력만이 아니다. 인도 IT 소프트웨어 기술은 미국을 앞질러 명실상부한 세계 넘버원"이라며 "세계 IT 소프트웨어 산업을 인도가 이끌어가고 있다고 해도 과언이 아니다"라고 호언했다. 지난 1,000년간 잠들어 있던 거대 '코끼리 왕국' 인도가 지식산업 IT기술을 무기로 가난을 극복하고 21세기 슈퍼파워가 되기 위해 비상(飛翔)의 용틀임을 하고 있는 것이다.

〈이 글은 지난 2000년 8월 인도 첫 출장을 가서 매일경제신문 1면에 크게 보도된 기사다. 인도 IT산업에 대한 국내 언론 최초의 기획 보도인 이 기사는 지금 읽어봐도 현재 인도의 모습을 여실히 잘 보여주고 있다고 생각된다. 그간 바뀐 통계 등만 새로 수정해서 그대로 실었다〉

1991년 '폭풍의 개혁'

1991년은 인도 현대사에서 거대한 획을 긋는 중요한 해다. 수십 년간 지속된 폐쇄의 틀을 벗고 개방과 개혁에 나선 해이기 때문이다. 만약 인도가 이 때 개방의 길로 나서지 않았다면 오늘날 세계는 결코 인도를 주목하지 않았을 것이다. 여전히 인도란 나라는 '비동맹국가의 맹주' 란 자리에만 자족하고 경제적 후진국을 벗어날 어떤 희망도 보이지 않았을 것이기 때문이다.

역사의 아이러니라고나 할까. 인도의 개방은 개방을 반대하던 정당인 인도국민회의(INC: Indian National Congress)에 의해 추진된다.

라오 총리, 등소평식 개혁 추진

1991년 5월, 라지브 간디 국민회의 총재가 총선 직전 암살된다. 그는 개방보다는 전통과 인도식 사회주의를 강조하던 인물이었다. 이 해 총선에서도 인도 국민회의는 사회주의 계획 경제를 계속 추진하겠다고 재차 공약했다.

그래서 총선에서 승리한 국민회의는 자신들의 노선을 충실히 이행할 '임시 지도자'로 나라시마 라오(P. V. Narasimha Rao)를 총리로 지명했다. 라오는 이미 나이 70세를 넘어 기력이 쇠했고, 그다지 강단 있는 인물로 비쳐지지 않았기 때문이다. 그러나 이 노 정객은 정권을 잡은 후 개혁·개방이라는 인도 현대 역사상 최대 과업을 이룩한다. 많은 사람들은 라오 총리의 업적이 지난 1940~1960년대 인도 사회 혁명을 이끈 자와하랄 네루 총리보다 더 크다고 말할 정도다. 그래서 라오 총리는 '인도의 등소평'으로도 불린다.

하지만 당시 인도의 개혁 개방은 라오 총리의 개인적 선견지명이었다기보다는 시대적 상황이 무르익었기 때문으로 보는 것이 더 타당할 것이다. 당시 인도는 정치·경제·사회적으로 강한 변화 압력에 직면하고 있었기 때문이다.

우선 경제적으로 인도는 심각한 외채위기를 맞고 있었다. 1980년대 중반 이래 라지브 간디 정부는 방만하게 재정을 운영했다. 해외로부터 빌린 단기 외채가 크게 늘고 재정 적자가 악화되었다. 그런 상황에서 걸프전이 발발하고 국제 유가가 치솟자 인도 정부는 석유를 살 돈이 없었다.

외환보유고도 거의 바닥을 드러냈다. 이를 간파한 해외거주 인도인들은 인도 내에 투자한 돈을 회수하기 시작했다. 갈수록 위기가 악화됐다. 결국 인도는 국제통화기금(IMF)에 손을 벌리지 않을 수 없었다.

| 나라시마 라오 | 만모한 싱 | 치담바람 |

개혁의 기수 만모한 싱 재무장관

내각을 맡은 라오 총리는 이 위기를 극복할 인물로 친 시장경제주의자인 만모한 싱(현 인도 총리)과 하버드대에서 수학한 팔라니아판 치담바람(현 재무장관)을 각각 재무장관과 상무장관에 임명했다. 이들은 위기 타개책으로 루피화 20% 절하, 외국자본 유치, 공기업 개혁, 규제완화 등 전형적인 개방정책을 적극 추진했다. 인도 경제를 네루 이후 40년 이상 추구해 온 정부 간섭과 수입대체정책 위주에서 벗어나 수출 지향적이고 시장경제 지향으로 바꾼 것이다.

라오 정부가 개방정책을 택한 것은 경제적인 요인뿐만 아니라 대외적인 요인도 크게 작용했다. 당시 세계는 소련을 비롯해 동구권 사회주의가 붕괴하는 등 역사적인 대전환을 맞고 있었다.

당시 인도는 대외적으로 자본주의나 사회주의 어느 한편에도 가담하지 않는다는 '비동맹주의', 즉 중립주의를 표명해왔다. 하지만 중립주의를 추구했지만 경제는 구소련으로부터 직간접적으로 많은 영향을 받아왔다. 그런데 40여 년간 인도 경제발전의 모델이었던 소련 사회주의 체제가 하루아침에 붕괴한 것이다.

이에 따라 사회주의식 경제발전 모델에 대한 심각한 비판과 반성이 제기됐다. 일례로 1950년대 인도보다 훨씬 낮았던 한국의 개인당 국민소득은 40년이 지난 1990년대 초 인도보다 10배나 앞서가고 있었다. 이런 차이는 곧 경제발전 모델에 기인한다고 보고, 라오 정부는 폐쇄경제에서 개방경제로의 전환을 적극 시도했다.

그 결과 라오 정부 하에서 인도는 '폭풍의 개혁(Reform by Storm)'이라 묘사될 정도로 대대적 경제개혁을 실시하고, 지금은 '21세기 슈퍼 파워'를 꿈꿀 정도로 연평균 7~8%대의 급속한 경제성장을 하고 있다.

해외교포 역이민 행렬

"고국(인도)에 돌아와 사니 너무 좋습니다. 만나는 사람들이 같은 민족이라 편안하고 주택환경도 미국 못지않게 잘 갖춰져 있어 아주 행복합니다."

20여 년 동안 미국 제너럴일렉트릭(GE) 등에서 일하다 2005년 인도로 돌아온 아자이 켈라(48) 씨는 인도 생활이 매우 만족스럽다. 오래 전부터 인도로 돌아오고 싶었지만 미국에서 닦은 생활 기반을 두고 떠나올 수 없었다. 또 미국의 선진문화생활에 익숙해진 자신이 여전히 빈궁한 인도에서 살 수 있을지도 걱정이었다.

그러나 인도에 돌아가기로 최종 결단을 내린 후 벵갈루루에 아웃소싱기업인 '심포니서비스'를 설립했다. 현재 회사도 잘 되는 편이고, 당초 우려와는 달리 주택도 아주 마음에 든다. 그가 사는 곳은 벵갈루루 외곽 화이트필드. 벵갈루루의 핵심 정보기술(IT) 단지인 일렉트로닉스 시티와 인터내셔널 테크놀로지센터(ITC)에 이어 새로 구축되는 IT산업단지다. 켈라 씨는 이곳에 자리한 팜 미도우스(Palm Meadows)라는 서구식 고급 주택에 살고 있다.

고급두뇌들 속속 귀국

켈라 씨는 최근 자신과 비슷한 이웃을 많이 알게 됐다. IT 기업을 창업한 한 이웃은 미국 캘리포니아에서 왔다. 그 역시 인도 저명 IT

마치 선진국 고급 주택가를 연상시키는 벵갈루루 외곽에 자리잡은 팜 미도우스.

기업인 인포시스 테크놀로지의 임원으로 일하고 있다.

또 다른 한 이웃은 뉴욕 등지에서 수십 년을 지내다 최근 시스코시스템즈 인도 법인장으로 돌아왔다. 영국에서 돌아와 도이치뱅크의 정보운용책임자로 일하는 이웃도 있다. 팜 미도우스뿐만 아니다. 벵갈루루 인근 다른 부촌인 오존, 레이크비스타 등 지역에도 미국과 유럽 등 해외에서 살다가 돌아온 인도 출신 고급 인력들이 최근 많이 늘었다.

비단 벵갈루루만이 아니다. 뭄바이, 뉴델리, 하이데라바드 등에도 해외로 나갔던 인도의 고급 두뇌들이 인도로 속속 회귀하고 있다. 일종의 역이민인 셈이다.

이들은 인도의 엄격한 신분제도를 피해서 혹은 유학이나 보다 나은 기회를 갖기 위해 미국 등 외국으로 이민 갔던 사람들이다. 그러나 IT산업을 비롯해 최근 인도 경제가 급성장하면서 인도로 회귀하고 있는 것이다. 이들은 미국 영국 등지에서 공부를 마치고 직장도 다녔던 고급 인력들로 소득도 상당히 높다.

인포시스의 난단 닐레카니 최고경영자(CEO)는 "최근 해외에 거주하던 인도 IT 고급 인력들의 U턴이 활발하다"면서 "미국 등 IT산업 주축 인도인들이 인도로 몰려드는 느낌"이라고 말했다.

아룬 쇼우리에 전 인도투자청 장관은 "벵갈루루에 있는 제너럴일렉트릭의 존 웰치 테크놀로지센터에 근무하는 연구원의 3분의 1은 미국에서 근무하다 인도로 돌아온 사람들"이라고 말했다. 인도의 대표적인 은행인 ICICI뱅크의 가우탐 탐베이 벵갈루루 지점 이사도 "해외 금융기관에서 일하던 많은 인도인들이 역이민오고 있다"고 전했다.

역이민자 한해 3만 명 넘어

인도 소프트웨어진흥단체인 나스콤(Nasscom)은 2005년 이후 1년여 동안 약 3만 명의 인도 출신 IT 전문인력들이 인도로 되돌아온 것으로 추정했다. 벵갈루루에서 인력 컨설턴트로 일하는 로리 블랙맨 씨는 "인도로 돌아오는 인력의 대부분은 이민 1세대들이지만 2세대들도 합류하고 있다"고 말했다.

이 같은 인도인들의 역이민 현상은 급속한 경제 발전과 세계화로 인해 인도 내에서도 서구적인 업무환경과 상대적으로 충분한 보수, 빠른 승진이 보장되는 것이 중요한 이유로 보인다. 인도에서도 해외 못지않게 풍족히 살수 있는 데 굳이 더 이상 머나먼 해외에서 타향살이를 고집할 이유가 없기 때문이다.

비록 미국이나 유럽보다 적은 봉급을 받지만 인도 물가는 서구에 비해 상대적으로 저렴해 외국에서와 같은 높은 생활수준을 유지할 수 있고 타국생활의 서러움에서도 벗어날 수 있다. 예를 들어 IT기업 엔지니어 초봉은 미국 실리콘밸리에선 6만 달러, 인도에선 1만 2,000달러로 큰 차이가 난다. 그러나 인도 물가가 미국에 비해 매우 낮아 실질적인 연봉은 비슷한 수준이다. 또 자녀에게 인도의 전통을 가르칠 수 있다는 것도 해외진출 인도 고급 인력들의 본국 행을 자극하는 중요한 요소로 꼽힌다.

역 이민의 또 다른 이유로는 인도로 아웃소싱하는 업체들과 인도에서 새롭게 생겨나는 기업들이 늘어나면서 미국이나 유럽에서 기술이나 업무방식을 익힌 인도인들에 대한 수요가 인도 내에서 늘고 있기 때문이다. 여기에 조국의 발전에 일조할 수 있다는 자부심도 빼놓을 수 없는 이유가 되고 있다.

해외 고급 인력들이 몰려들면서 벵갈루루의 팜 미도우스 등 고급 주택가 부동산 값은 폭등하고 있다. 팜 미도우스의 집값은 2006년 한 해 동안 세 배나 올랐으며 임대가격은 네 배나 치솟았다.

인도의 수(數) 락과 크로

인도인들의 영어는 알아듣기 쉽지 않다. 우리가 미국인이나 영국인의 영어에 익숙해 있는 탓도 있지만, 인도인 특유의 경음에다 혀 짧은 듯한 발음을 내는 것이 더 큰 이유다.

이로 인해 인도 취재 중 그들의 영어를 알아듣기 위해 큰 신경을 써야 했다. 그런데 그들이 특히 숫자를 말할 때는 귀에 잘 들어오지 않는 경우가 많았다. 무언가 알아듣기 힘든 낯선 단어가 숫자 사이에 끼어들어가는 것 같았기 때문이다. 그래서 이해가 안될 땐 실례를 무릅쓰고 "방금 한 말을 천천히 다시 말해 줄 수 있느냐"고 요청하기까지 했다.

이런 노력의 결과 수상한(?) 그 단어를 찾아냈다. 락((Lakh)과 크로(Crore)다. 생전 처음 들어보는 단어였다. 그러나 나중에 알고 보니 이들 단어는 인도에선 신문이나 잡지에선 물론 일상 생활에서도 흔히 사용하는 말이었다.

락은 십만을 뜻하고, 크로는 천만을 의미하는 인도인들의 계산 단위다. 예를 들어 'Rs 7.5락'이라고 하면 75만 루피(Rs는 Rupees의 줄임말)를 말한다. 또 'Rs 7.5크로'는 7.5크로 루피 즉, 7,500만 루피를 뜻한다.

하지만 설사 이 단어를 안다 해도 셈법이 달라 우리가 이해하기는 쉽지 않다. 우리는 숫자를 셀 때 123,456,789원처럼 3자리로 끊어 쓴다. 우리 식이라기보다 서양식이다. 우리는 1,2345,6789원(1억 2345만 6789원)과 같이 네 자리로 끊어 읽는데 익숙하다. 이에 비해 인도는 12345,00000원(12345락)처럼 5자리로 읽거나 123,0000000원(123크로)와 같이 7자리로 끊어서 읽는다.

수를 이해하는 단위는 서양보다 우리가 더 크고 우리보다 인도가 더 크다. 이 같은 셈법의 차이가 그만큼 국민들의 수학적 능력 차이를 만든다고 하면 지나친 비약일까. 일반적으로 우리 학생들이 서양 학생에 비해 수학을 잘 하고, 인도 학생들이 우리보다 수학을 잘 한다는 사실에 비추어 이 같은 셈법은 사용하는 사람들의 수학적 능력에 충분히 영향을 미칠 가능성이 높다고 할 수 있다.

아무튼 인도 사람들을 만날 때 락과 크로만큼은 철저히 이해하고 있어야 할 필요가 있다.

2

거리 빈민 보고 발전상 판단하면 오산

뉴델리를 방문한 어느 한국 중소업체 사장이 실망스럽다는 듯이 불평했다.

"인도가 뜬다고 해서 와 보았는데 전혀 느낌이 안 옵니다. 인도 사람들의 행색은 거지같고 거리는 지저분하기 짝이 없습니다. 중국처럼 눈에 확 들어오는 발전 모습이 없어요."

틀린 말이 아니다. 뉴델리나 콜카타(옛 캘커타) 등 대도시를 둘러보아도 이 나라 경제가 실제로 발전하고 있는지 확신이 서지 않는다. 현대식 고층 빌딩도 흔치 않고 길거리에선 뼈만 앙상한 무수한 검은 피부의 사람들과 접한다. 길거리에 다니는 수많은 사람들이 대부분 못 먹어 깡마르고 입은 옷에도 곤궁함이 그대로 묻어난다. 거리도 결코 깨끗해 보이지 않고 건물도 서울에 비해 낡고 초라하기 그지없다. 이런 모습을 보노라면 "인도는 아직 멀었다"라는 느낌을 자연스레 갖게 된다.

그러나 눈에 잘 띄지 않는다고 최근 인도의 변화와 발전을 과소평가해선 안 된다. 인도는 중국 등 기존 개발도상국들과는 다른 성장모델을 채택하고 있기 때문이다.

인도 중부 최대 도시인 하이데라바드. 인구 800만 명의 이 도시도 열악한 환경과 초라한 행색의 사람들로 넘친다. 외견상 발전 정도로 치면 우리나라 1960년대 말이나 1970년대 초쯤 돼 보인다. 인도 최대 정보기술(IT) 기업 중 하나인 사티암(Satyam Technology) 가는 길은 이를 실감나게 경험하게 해준다.

이 회사 근처까지는 고속도로가 나 있다. 말이 고속도로지 우리나라 시골길보다도 못하다. 포장도 제대로 되지 않고 곳곳에 움푹 팬 데가 많아 차가 제대로 속력을 낼 수 없다. 도로 옆에는 '제한속도 20km'라는 팻말이 붙어 있어 과연 이것이 고속도로(highway)인지 실소를 금치 못하게 한다.

고속도로에 들어선 지 20여 분이 지난 후, 그나마 10km 정도의 속도로 가던 차가 아예 멈추어 섰다. 고속도로에는 자동차는 물론 다 낡은 오토릭셔(소형 3륜 택시)와 오토바이, 자전거, 심지어 사람들과 소, 개, 낙타까지 들어차 차가 좀체 움직일 생각을 안 한다.

옆에는 너무 낡고 오래돼 양쪽 출입문이 다 떨어져 나간 버스가 서

웬만한 대학캠퍼스나 연구소보다 규모가 크고 최신의 시설을 갖춘 인도 대표 IT기업인 사티암 테크놀로지 내부.

있다. 버스 안은 검은색의 인도인들로 가득 차 커다란 눈동자들만 번득이고 있다. 그런 와중에 차들은 이곳저곳에서 시끄럽게 경적을 계속 울려댄다. 인프라스트럭처(사회기반시설)와 질서가 엉망인 것이 전형적인 후진국의 모습이다.

도로 주변 건물들은 폭격이라도 맞은 듯 허물어지고 쓰러져 폐허가 된 상태다. 하지만 이곳은 폐가가 아니다. 현재 사람들이 살고 있는 실제 거주지다. 많은 상점과 사무소는 그곳에 간판을 내걸어 영업하고 있음을 알려준다. 이 같은 폐허에 사람이 살고 있다는 것이 신기할 정도다.

IT회사 내부는 별천지

혼란을 벗어나 녹음이 우거진 시골길을 10여 분 정도 달리자 사티암 본사 정문이 나온다. 정문에선 푸른 색 복장을 한 경비원들이 철저히 검문검색을 한다.

검문검색을 거쳐 사티암 내부로 들어서자 여기는 완전히 딴 세상이다. 이 회사 내부는 마치 하와이나 발리 등 세계적 저명 리조트 같다. 반듯이 정비된 도로와 파란 잔디, 야자수 등이 죽 늘어서 있고 최신식 건물들은 예술 조각품처럼 아름답다. 회사 안팎이 담장 하나를 두고 '천국과 지옥' 이다.

사티암 사람들은 자기 회사를 캠퍼스라 부른다. 회사라기보다는 대학캠퍼스처럼 공부하고 연구하는 곳이란 의미에서다. 단지 의미만 그런 게 아니다. 회사가 갖고 있는 공간도 200에이커(약 25만 평)로 대학 캠퍼스나 다름없다. 아니 웬만한 대학이나 연구소를 합친 것보다 더 뛰어난 연구시설과 레저휴식공간을 갖추고 있다.

캠퍼스 내에는 세계적인 규모와 최첨단 시설을 갖춘 웅장한 컨벤션센터를 비롯해 9홀 골프장, 수영장, 헬스장, 호수, 동물원 등 방대한 첨단 시설과 휴식공간을 갖추고 있다. 회사 내에는 공작을 비롯해 각종 새와 사슴, 노루, 토끼 등이 뛰놀고 있다. 놀라 벌어진 입을 닫을 수 없다.

더욱 놀라운 것은 캠퍼스 어디에나 무선 랜이 작동돼 건물 밖 휴식공간에 나와서도 업무를 할 수 있다는 사실이다. 미국 실리콘밸리에도 이처럼 멋진 캠퍼스를 갖고 있는 기업은 흔치 않다.

사옥을 이렇게 멋지게 만든 이유를 묻자 세투 남비아루 사티암 부사장은 "고객의 수준에 맞춘 것입니다. 우리의 고객은 회사 밖의 인도 사람이 아니라 미국을 위시한 외국 기업인이기 때문입니다"라고 답한다.

인도 IT는 세계 최고 수준

비단 사티암뿐 아니다. '인도의 실리콘밸리'로 불리는 벵갈루루에 가면 최첨단 시설과 훌륭한 레저공간을 갖춘 기업을 무수히 만난다. 그곳은 인도라기보다 마치 선진국 첨단 산업단지에 와 있는 듯한 착각을 불러일으킨다. 주목할 점은 최근 이런 IT산업단지가 인도 전역으로 급속히 확산되고 있다는 사실이다. 따라서 이런 모습을 보지 않고 인도가 변하지 않고 있다고 말하는 것은 매우 섣부른 판단이다.

최정일 주 인도 대사는 "인도를 찾는 적지 않은 사람들이 뉴델리 등의 빈민들만 보고 인도의 발전상을 찾기 어렵다는 말을 한다"며 "그러나 인도 IT산업단지에 가보지 않고 인도의 발전을 논하는 것은 어불성설"이라고 말했다.

인도 IT기업들의 사옥과 캠퍼스, 시설이 최첨단이긴 하지만 이들의 실력은 단지 외형에만 있지 않다. 이들 IT기업이 제공하는 소프트웨어기술과 서비스는 세계 최고 수준이다.

미국 카네기멜론대와 미국 소프트웨어산업협회가 세계 최고 소프트웨어기술에 부여하는 국제공인 등급평가(CMM)라는 게 있다.

내로라하는 선진국 기업보다 더 멋진 캠퍼스와 환경을 갖추고 있는 IT회사 위프로 테크놀
로지. 사원들이 자유롭게 사내를 거닐고 있다.

CMM의 최고 등급(5등급)을 받은 기업은 전 세계 약 130개 사다. 이 중 인도 회사가 약 90개 사를 독차지하고 있다. 미국은 20여 개, 한국은 삼성전자를 포함해 단 3개 회사에 불과하다.

인도의 대표적 IT기업인 타타컨설턴시서비스(TCS), 위프로테크놀로지, 인포시스테크놀로지, 사티암테크놀로지 등은 오래 전에 이미 'CMM 5' 등급을 받았으며 시가총액, 총 순익, 고용자수에서도 세계 10대 IT서비스회사에 올라 있다.

인도 IT 기업들이 수출로 벌어들이는 돈도 엄청나다. 2006 회계연도(2005년 4월~2006년 3월) 인도 IT서비스와 소프트웨어 관련 수출액은 236억 달러였다. 이는 미국에 이어 세계 2위 규모로 우리나라 소프트웨어 총 수출액의 30배가 넘는다. 세계 IT 서비스 시장에서 인도가 차지하는 시장점유율도 2006년 말 현재 44%에 달한다. 미국 다음으로 역시 세계 2위다.

인도 IT산업에 특히 주목하는 것은 그 성장 속도 때문이다. 인도 IT산업은 매출과 순익, 수출 등에서 매년 30~50%씩 늘어나고 있다. 인도소프트웨어기업협회(NASSCOM)에 따르면 2006년 말 현재 인도에는 '포천(Fortune) 500대 기업' 중 300여 개를 포함해 총 3,000여 개 외국 업체가 진출하거나 아웃소싱하고 있다. 이들 업체가 고용한 인력도 100만 명에 이른다.

이 협회의 키란 카르니크 대표는 "현재 100만 명인 인도 IT고용 인력이 오는 2008년에는 400만 명으로 늘어나고 수출액은 600억 달러(60조 원)에 달할 것"이라고 전망했다. IT산업이 명실 공히 인도 경제를 추동하는 강력한 엔진이 될 것이란 얘기다.

빛의 속도로 변하는 인도 IT기술

인도 IT기술은 하루가 다르게 발전하고 있다. 6년 전인 지난 2000년 만해도 인도 소프트웨어 기술은 데이터 코딩, 콜 센터 유지 등 유치한 수준이었다. 그러나 이제는 기업의 IT시스템이 다룰 수 있는 모든 분야로 확산, 발전되고 있다. 특히 기업의 일반적인 아웃소싱 영역인 BPO(비즈니스 프로세스 아웃소싱)에서 KPO(지식 프로세스 아웃소싱)와 기업 인프라매니지먼트서비스(IMS) 부문으로 급속히 진화하고 있다.

KPO란 지식산업에 대한 아웃소싱을 의미하는 것으로 금융 분석, 시장리서치, 데이터 통합과 관리, 테크놀로지 리서치, 컴퓨터 시뮬레이션, 항공기 및 엔지니어링 디자인, 전문 법률서비스, 의학연구 등 최고의 부가가치를 창출하는 영역을 말한다.

키란 카르니크 NASSCOM 대표는 "인도 IT산업은 오는 2010년 KPO와 IMS 분야에서만 400억 달러의 매출을 달성할 것"이라고 예상한다. 최첨단 고부가가치 서비스분야인 KPO와 IMS는 인도 IT기업의 새로운 대박 산업인 셈이다.

인도 IT산업은 지역적으로도 광대하게 확산되고 있다. 지난 2000년 벵갈루루와 하이데라바드, 뭄바이 등에 한정됐던 인도 IT산업은 2006년 현재 뉴델리, 뉴델리 인근의 노이다와 구르가온, 콜카타(옛 캘커타), 푸네, 첸나이(옛 마드라스), 펀잡 등 전국으로 퍼지고 있다.

국내뿐 아니다. 인도 IT기업들은 전통적인 미국 시장 외에 일본이나 중국, 유럽 등 해외지역으로도 크게 세력을 확장하고 있다. 일본에는 위프로, 인포시스, 타타컨설턴시(TCS), 사티암 등이 소프트웨어개발센터를 설립하는 등 이미 둥지를 틀었으며, 최근에는 중국에도 진출했다. 인도와 중국 간에는 경제교류가 적고 양국이 서로 큰 경쟁의식을 갖고 있다는 측면에서 인도 IT기업의 중국 진출은 각별한 의미를 지니고 있다.

인포시스는 현재 250명인 중국 소프트웨어 개발센터 인원을 향후 5년 이내에 6,000명으로 대폭 늘릴 계획이며, 사티암은 5,000명,

TCS는 1,000명으로 증원할 예정이다. '트로이 목마' 인 인도 IT기업의 중국 공략이 본격 시작된 것이다.

풍부한 과학 인재가 IT성장 비결

인도는 컴퓨터 소프트웨어 산업의 강자가 될 잠재력을 일찍부터 지니고 있었다. 인도의 교육은 전통적으로 수학과 과학에 중점을 두고 있다. 게다가 영어를 공용어로 쓰고 있다. 따라서 매년 영어를 자유자재로 구사하는 값싸고 유능한 공학 엔지니어들이 30만~40만 명씩 대학에서 쏟아져 나온다.

그런 상황에서 지난 1999년 인도 IT산업에 절호의 기회가 찾아왔다. 컴퓨터가 2000년을 제대로 인식하지 못한다는 Y2K 문제가 발생한 것. 미국 등을 위시해 전 세계에서 많은 컴퓨터 엔지니어를 필요로 했고, 뛰어난 기술과 인력을 구비하고 있던 인도에 이의 해결을 맡겼다. 우물 안에 갇혀있던 '황금잉어' 인도 IT산업이 마침내 세계로 나갈 물을 만난 것이다.

유명한 인도공과대학(IIT: Indian Institute of Technology) 등은 우수 기술 인력을 배출하는 요람이다. 인도 정부는 공급 부족이 우려되는 고급 두뇌 배출을 위해 1990대 중반 인도 정보통신공과대학(IIIT: Indian Information Institute of Technology)을 설립했고 앞으로도 기술관련 전문대학을 대거 설립할 계획을 갖고 있다.

유창한 영어를 구사하는 저가의 고급 인력이 널려 있다는 것은 전

제너럴 일렉트릭(GE)이 잭 웰치 전(前) 회장을 기념해 인도 벵갈루루에 세운 존 웰치 테크놀로지센터. '존 웰치'는 잭 웰치 전 회장의 실명으로 이 센터는 GE의 최대 해외 연구개발(R&D)센터다.

세계 많은 기업들로 하여금 인도에의 아웃소싱(외부 주문)이나 인력 스카우트 및 투자에 대한 유혹을 떨치지 못하게 한다. 여기에 인도와 미국 실리콘밸리와의 시차가 12시간대라는 지리적 특성도 인도 IT산업 붐에 큰 역할을 하고 있다. 양쪽의 낮과 밤이 정확히 반대가 되어 작업이 끊임없이 연속적으로 이루어질 수 있기 때문이다.

예를 들어 미국 실리콘밸리의 엔지니어들이 저녁 퇴근 시 이메일 등을 통해 인도로 작업성과를 전달한다. 이 시간 인도의 엔지니어들은 아침에 출근 해 컴퓨터를 켜자마자 실리콘밸리에서 날아온 정보를 업그레이드하고 저녁 퇴근 시 다시 실리콘밸리로 재송한다. 이 같은 인도와 미국 실리콘밸리와의 커넥션이 양쪽 산업 발전의 선순환을 만들고 있다.

IT를 넘어 BT의 메카로

인도가 확고한 세계 소프트웨어 허브로 자리 잡고 있지만 인도를 이 정도로만 규정해서도 안 된다. 인도는 지금 소프트웨어 산업을 넘어 고부가가치 IT산업의 메카로 발전하고 있고, 생명공학(BT)과 연구개발(R&D) 등 세계 혁신(innovation)센터로 급부상하고 있다.

바로 이 점이 다른 개발도상국과 인도 성장 방식의 중요한 차이점이다. 일례로 중국은 제조업을 중심으로 한 전통적인 '굴뚝산업' 성장 모델이다. 그래서 대규모 공장이 세워지고 많은 고층 빌딩이 들어서는 등 눈에 잘 띈다. 그러나 인도의 성장은 눈에 잘 띄지 않는다.

그 이유에 대해 기세명 KOTRA 뉴델리 관장은 "인도의 발전이 눈에 잘 보이지 않는 것은 IT, BT, R&D 등 지식산업, 두뇌산업 성장 모델을 채택하고 있기 때문"이라고 밝혔다.

인도가 이처럼 '선진국형 발전모델'을 선택한 이유는 인프라는 매우 취약한 반면 싼 값의 유능한 과학, 기술인력이 넘치기 때문이다. 도로, 항만, 공항 등 인프라스트럭처가 열악한 상황에선 중국과 같은 굴뚝산업 위주의 성장에는 한계가 있다.

인도 정부는 1990년대 후반 IT산업을 집중 지원해 성공하자 이제는 R&D와 BT 부문 육성에 팔을 걷었다. 자신감이 생긴 것이다.

카말 나스 통상산업장관은 "인도의 과학기술 인력은 세계적 수준"이라며 "인도는 IT는 물론 BT와 R&D발전을 위한 최적의 조건을 갖추고 있다"고 말했다.

실제로 이들 산업은 눈부시게 발전하고 있다. 2005년 인도는 R&D 부문에서만 26억 달러를 수출했다. 2004년에 비해 41%나 급증한 것이다. 생명공학산업도 2005년 36.5% 성장했다. 두뇌산업의 발전 속도가 초고속이다.

이에 따라 인도의 BT와 R&D 잠재력을 믿는 외국 기업들이 물밀듯이 인도로 들어오고 있다. 현재 인도에는 GE를 비롯해 인텔, 삼성전자, 텍사스 인스트루먼트(TI), 휴렛팩커드(HP) 등 세계 톱 기업의 R&D센터가 진출해 있으며, 노바티스와 화이바, 아스트라제네카, 노보지메스, MWG, 몬샌토, 아우리진 웨이스 등 서구 유명 생명공학 업체들도 대거 몰려들고 있다.

아웃소싱의 천국 인도

사티암 컴퓨터서비스. 글로벌 컨설팅과 정보기술(IT) 서비스를 제공하는 인도의 대표 IT기업 중 하나다.

사티암은 몇 년 전 일본 닛산자동차로부터 자동차 디자인과 시스템 개발을 담당해주겠느냐는 제의를 받았다. 사티암은 이 제안을 받고 처음엔 의아해했다. 왜냐하면 자동차 디자인이나 시스템 개발업무는 자동차 회사들의 핵심 역량으로서 그 동안 해외에 아웃소싱(외부주문)을 하는 사례가 거의 없었기 때문이다.

아웃소싱은 글로벌 추세

사티암은 물론 이 제안을 흔쾌히 수락했다. 의뢰 받은 업무를 성공적으로 수행하자 닛산측은 크게 만족해했다. 이 소문이 퍼지자 세계 유수 자동차 회사들이 사티암에 디자인 등 업무를 의뢰해왔다. 그 결과, 사티암은 현재 세계 10대 자동차 회사 가운데 8개 사로부터 자동차 디자인과 시스템 개발 업무 등을 의뢰 받아 수행한다. 사티암은 또 세계 10대 자동차 부품회사 중 4개 사를 아웃소싱 고객으로 갖고 있기도 하다.

해외 아웃소싱이 거역할 수 없는 미래 기업 활동 추세로 확산되고 있다. 아웃소싱 영역도 기존의 콜 센터 운영, 데이터 입력 등 저부가가치 산업에서 기업 연구개발(R&D) 등 고부가가치 분야로 급속히 확산되고 있다.

해외 아웃소싱 형태도 단순히 일자리를 해외로 옮기는 것이 아니라 특정 업무를 완전히 이전하는 방향으로 변하고 있다. 해외 아웃소싱이 비용 얼마를 절약한다는 차원이 아니라 기업 생존 전략의 일환으로 급부상하고 있다. 즉, 글로벌 차원에서 비교우위를 확보할 수 있는 주요 기업 전략으로 채택되고 있는 것이다.

해외 아웃소싱이 이처럼 급속히 확산되고 있는 것은 광대역 등 인터넷의 발달로 인해 지구 반대편에서라도 의뢰한 업무를 실시간으로 감독하고 조정할 수 있게 되었기 때문이다.

R&D 등 핵심 분야도 아웃소싱

미국 매사추세츠에 본부를 둔 IT컨설팅 회사인 포레스터 리서치에 따르면 현 추세대로 갈 경우 2015년까지 330만 개의 미국 서비스 일자리가 해외로 나갈 것이라고 전망했다.

유엔 무역개발위원회가 유럽의 500개 기업을 대상으로 조사한 결과, 이 중 200개 기업이 이미 해외 아웃소싱을 하고 있는 것으로 나타났다. 또 유럽 기업이 가장 선호하는 해외 아웃소싱 지역은 아시아였다. 그중 인도가 세계 최고의 아웃소싱 대상 국가로 꼽혔으며, 중국은 인도에 이어 해외 아웃소싱 유망지역으로 지목됐다.

그렇다면 기업들은 왜 이렇게 해외 아웃소싱에 열을 올리는가. 그 주된 이유는 비용절감과 경쟁력 확보다. 세계적 컨설팅 회사인 맥킨지는 기업들이 노동 전략을 글로벌 전략 차원에서 운영함으로써 노동 총 비용을 70%까지 절감할 수 있다고 분석했다.

특히 주목되는 것은 아웃소싱 영역이 기업의 비핵심 분야뿐만 아니라 핵심 분야로도 급격히 확산되고 있다는 점이다. 자동차 디자인, 시스템 개발, 소프트웨어 디벨로퍼, 연구개발(R&D), 의학 리서치 등 그동안 신성불가침 영역으로 간주되었던 고부가가치 분야도 과감히 해외 아웃소싱으로 전환하고 있다.

해외 우수인력들을 저가로 활용해 아이디어를 얻고 기업혁신을 달성하려는 노력의 일환이다. 즉 이러한 노력은 기업 혁신을 위한 글로벌 트렌드가 되고 있다.

미 캘리포니아대학 버클리 캠퍼스 하스경영대학원의 헨리 체스브로우 교수는 "기업들은 지난 수십 년간 인력 감축 등 구조조정을 해 왔으나 한계를 느끼고 있다"면서 "이에 따라 핵심 영역으로 간주되는 R&D 분야도 인도 등에 과감히 해외 아웃소싱하게 된 것"이라고 분석했다.

저조한 한국 IT기업의 인도 진출

우리나라 소프트웨어 기업의 인도 진출은 외국 다국적 기업에 비해 저조한 편이다. 현재 인도 벵갈루루에 진출해 있는 소프트웨어 분야 한국 기업은 삼성전자, LG전자, 삼성SDS, LG CNS, 삼성전기 등 주로 대기업들이다.

삼성전자 · LG전자는 안착

지난 1992년 설립된 삼성전자 인도연구소(SISO)의 주요 업무는 본사에서 달리는 소프트웨어 개발 지원 및 연구인력 확보, 본사 채용 기술 동향 파악 등이다. 특히 휴대폰과 반도체, 프린터 등의 소프트웨어 개발을 하고 있다. 저가의 인도 고급 기술두뇌를 적극 활용해 본사의 소프트웨어 개발을 적극 지원하고 있다. SISO는 위프로테크놀로지와 인포시스테크놀로지, 마인드트리 등 현지 대표적 IT기업과 긴밀한 협력관계를 유지하고 있다.

2006년 현재 김규출 법인장 등 5명의 주재원을 포함해 총 1,000명의 현지 인력을 운영하고 있다. 지난 2000년 70여 명이었던 직원 수가 6년 만에 15배 가까이 급증했다. 그만큼 인도 IT인력의 활용도가 커졌다는 뜻이다.

LG전자 현지 법인 엘지소프트인디아(LGSI)도 인도에 적극 진출한 케이스. LGSI는 지난 1996년 개설해 2년간 시험 운영 후 1998년부터 수익모델로 전환했다. LGSI도 SISO처럼 휴대폰이나 디지털TV 등 엘지전자 본사제품의 소프트웨어를 개발하는 역할을 하고 있다. LGSI는 일반적으로 하기 어려운 소프트웨어 개발 프로세서에 특히 강하다. 소프트웨어개발 프로세서가 잘 되어 있어 2000년 일찌감치 미국 카네기멜론대학이 수여하는 최고 소프트웨어개발등급(CMM5)을 받았다.

현재 최항준 법인장 외에 5명의 주재원을 포함해 650여 명의 현지 직원을 고용하고 있다.

글로벌 스탠다드 갖춰야 성공

SISO가 본사와 긴밀한 관계를 맺고 현지 고급두뇌를 활용하는 전략을 채택하고 있는데 반해 LGSI는 완전한 독립경영을 하고 있는 것이 특징이다. 최 법인장은 LGSI가 설립 초기에는 약간 고전했으나 지금은 독립법인으로 자립해 수익을 낼 만큼 충분히 성장했다고 밝했다.

인도 우수 IT인력 활용방안에 대해 김규출 법인장과 최항준 법인장은 한결같이 적극적인 주문을 요구했다. 이들은 자금 능력이 있는 우리나라 대기업들이 인도에 진출치 않고 있는 것은 참 의아한 일이라며 지금이 저가의 인도 우수 인력을 활용할 수 있는 최적기라고 강조했다.

김규출 법인장은 "인도 IT에의 투자는 단기가 아닌 장기적 관점에서 투자하는 것이 필요하다"며 "인력 활용과 양성 계획을 철저히 세우는 것이 중요하다"고 말했다.

최항준 법인장은 인도 IT시장에 진출하려면 프로젝트관리 능력과 인사 관리능력이 매우 중요하다고 말했다. 그는 "소프트웨어 개발은 건설공사처럼 돈만 갖고 하는 것이 아니다. 글로벌 스탠다드에 기반한 프로젝트 관리능력이 있어야 한다. 이와 함께 인도에서 인사관리도 한국처럼 해서는 안 된다. 인도 사람들은 회사에 대한 충성심보다는 개인의 직무 충성심이 훨씬 강하다. 개개인을 존중하지 않고 회사 조직 힘으로 밀어붙이는 식의 한국 방식으로 하면 인도인들은 실적을 못 낸다"고 강조했다.

"인도는 세계 최고의 혁신기지"

존 웰치 센터 카트라가다 이사

인도 '정보기술(IT)의 허브'인 벵갈루루 외곽 화이트필드에 자리 잡은 존 F 웰치 테크놀로지센터.

잭 웰치 전 제너럴일렉트릭(GE) 회장(존 웰치는 잭 웰치 회장의 원래 이름)의 이름을 따 만든 GE의 대표적 해외 연구개발(R&D)센터다. GE의 핵심 제품 연구와 혁신이 이루어지는 곳으로, 인도 R&D발전의 상징이기도 하다.

존 F 웰치 테크놀로지센터는 입구부터 경비가 매우 삼엄하다. 컴퓨터나 카메라는 물론 디지털 카메라를 이용한 사진촬영을 막기 위해 휴대폰도 가지고 들어가지 못하게 한다. 세계 최첨단 수준의 GE기술을 창조하는 곳이니만큼 철저한 보안이 생명이다.

이곳은 지난 2000년 8,000만 달러를 들여 세웠다. GE의 미국 외 지역 연구센터로는 최초이자 최대 규모다. 이곳에는 현재 약 2,500명의 과학자, 연구자, 엔지니어 등이 근무하고 있다.

다음은 고피찬드 카트라가다 관리이사와의 일문일답 내용을 요약한 것이다.

– 존 웰치 테크놀로지센터가 연구하는 분야는?

▶연구 영역에 거의 제한이 없다. 기계공학 전자공학 도예 야금 촉매화학 화학공학 중합체과학 신합성물질 프로세스모델링 파워전자공학 에너지 철도 항공기엔진 등 무수한 분야를 연구하고 있다. 연구 기술도 세계 최첨단이다.

– 인도에 진출한 다른 해외기업 R&D연구소도 이처럼 연구분야가 다양한가?

▶웰치 센터 같이 다양한 분야를 연구하는 곳은 없는 것으로 알고 있다. 다른 기업 연구소들은 인도의 강점인 IT분야를 주로 연구개발한다. 미국을 제외한 지역에서 이 곳처럼 과학자와 연구자, 엔지니어를 포함하는 광범위한 과학 연구진을 가진 곳은 없을 것이다.

– GE의 글로벌 R&D연구소가 인도 말고 다른 곳에도 있나?

▶중국 상하이와 독일 뮌헨에도 연구소를 두고 있다. 그러나 규모와 인력면에서 벵갈루루 센터가 가장 크다. 그만큼 인도 벵갈루루가 R&D 측면에서 매

우 중시된다는 말이다. 세계에서 인도가 가장 유망하다고 판단해 벵갈루루에 첫 해외 연구소를 설치한 것이다.

– 인도가 R&D센터로서 유망하다고 판단한 근거는?

▶R&D센터 설립의 가장 중요한 요건은 유능한 과학기술 인력을 충분히 확보할 수 있느냐다. 그런 면에서 인도는 미국을 제외한 전 세계 어느 나라보다 비교우위를 나타내고 있다. 과학, 수학, 공학, IT분야 등에서 인도는 뛰어난 탤런트들을 많이 보유하고 있다.

– 센터에 근무하는 2,500명의 직원 중 인도인의 비율은?

▶단 1명의 미국인을 제외하고 모두가 인도 사람이다. 그만큼 현지화가 잘 됐다는 것을 뜻한다. 또 이는 인도에 뛰어난 인재가 많다는 것을 의미하기도 한다. 2,500명의 직원 중 박사학위 소지자가 60%를 넘으며, 해외 거주 경험이 있는 사람도 60%를 웃돈다.

– 웰치 센터가 하고 있는 주요 역할은?

▶단순히 R&D를 한다는 차원을 넘어 GE의 기술혁신을 이끌고 있다. GE가 생산하는 일반 소비제품에서부터 비행기 엔진에 이르기까지 전 제품에 대해 연구개발을 수행하고 있다. 그런 면에서 이 곳에서 행해지는 R&D는 단순한 학문적 연구와는 아주 다르다. GE 제품에 직접 적용할 실용적 연구와 혁신을 수행하고 있기 때문이다.

– 주된 연구 실적이 있다면?

▶지난 5년간 이곳에서 이룬 연구 결과를 국제특허로 신청한 숫자가 250여 개에 달한다. 숫자가 중요한 것은 아니지만 그만큼 이곳은 기술 혁신과 리서치의 허브라고 할 수 있다.

–중국 연구센터와 비교하면?

▶중국 R&D센터는 인도보다 3년 늦은 지난 2003년에 설립했다. 중국 센터 근무자는 현재 1,500명으로 인도보다 1,000명 정도가 적다. 인도 센터의 핵심 설립 목적이 유능한 과학 인재 채용에 있었다면 중국 센터는 판매시장을 고려했다. GE 제품을 팔 거대한 시장이 존재한다는 사실이 중국 연구센터 설립에 가장 중요한 요인이었다. 그러나 최근에는 인도 시장도 급속히 성장하고 있다. 현재 인도 시장은 약 5년 전의 중국 시장과 같다고 보면 된다.

벵갈루루는 인도가 아니다

'벵갈루루는 인도가 아니다.' 인도 전역에서 묻어나는 가난과 궁핍의 흔적을 벵갈루루에선 발견하기 어렵기 때문에 하는 말이다.

인도를 잘 아는 사람들은 인도의 변화와 발전상을 느끼고 싶으면 중남부 도시인 벵갈루루에 가보라고 권한다. 이곳에선 변화와 혁신바람이 거세게 일고 있기 때문이다. 벵갈루루 공항에 내리자 우선 눈에 들어오는 것이 지멘스, 인텔, 시스코시스템스, 마이크로소프트(MS), 휴렛팩커드(HP) 등 세계적 기업들의 화려한 대형 광고판이다. 인도 최대 도시인 뭄바이에서도 찾아보기 어려운 모습이다.

여기저기 게시판에는 소프트웨어 등 정보기술(IT) 인력을 구한다는 광고도 흔하게 눈에 띈다. 벵갈루루가 인도 IT산업의 본거지임을 알리고 있는 것이다. 거리를 가득 메우고 있는 외제 차와 신식 건물은 주변에 울창하게 우거진 야자수 숲과 어울려 미국 실리콘밸리 단지를 연상시킨다.

벵갈루루에 도착해 받는 또 다른 인상은 거리가 매우 깨끗하다는 점이다. 인도 어느 도시를 가나 가난하고 지저분하다는 느낌을 항상 갖지만 벵갈루루는 다르다. 건물들은 대부분 새로 지은 것인데다 도로가 깨끗이 잘 정비되어 있다.

또 벵갈루루에선 다른 도시에 가면 흔히 볼 수 있는 걸인이나 슬럼가를 찾기 어렵다. 도시의 소득이 높아지자 주 정부가 슬럼을 허물고 그 곳에 서민아파트를 지어 극빈자에게 제공해주고 있기 때문이다.

특히 벵갈루루는 '정원의 도시(Garden City)' 라고 불리듯 도시 곳곳에 정원과 꽃, 나무, 호수들이 많아 아름답다. 벵갈루루가 '인도의 실리콘밸리' 라고 불리는 것은 IT산업의 발달 때문이기도 하지만 미국 실리콘밸리처럼 아름답기 때문이기도 하다.

그러나 최근에는 이 같은 벵갈루루의 아름다움이 많이 훼손되고 있다. 벵갈루루가 인도 IT허브로 자리 잡으면서 국내외 기업들과 사람들이 수용능력 이상으로 몰려오고 있기 때문이다. 도시 외곽에는 건설 붐이 한창이지만 건축이 무계획적으로 이루어지고 있어 환경과 미관에 미치는 악영향도 심각하다. 또 자동차와 오토바이 등이 크게 늘고 있지만 도로 신설 등은 제자리걸음이어서 도로 번잡과 정체, 환경오염이 심한 편이다.

인도 정부가 소프트웨어를 발전·육성하기 위해 벵갈루루에 세운 인도 소프트웨어기술단지(STPI). STPI는 지난 10여년간 인도 IT발전에 지대한 역할을 했다.

이는 달리 보면 벵갈루루의 성장 속도가 그만큼 빠르다는 것을 의미한다. 벵갈루루는 인도 대도시 중 크기로는 다섯 번째지만 인도에서 성장이 가장 빠른 도시다. 매달 대형쇼핑몰이 하나씩 들어서고, 최고급 자동차인 벤츠가 가장 많이 팔리며, DVD와 홈시어터 등 고급전자제품이 인도에서 가장 많이 판매되는 도시이기도 하다. 또 벵갈루루는 세계에서 정부조직 가운데 국제표준화기구(ISO)로부터 품질보증을 한다는 'ISO9001' 인증을 받은 유일한 곳이다.

인도 IT산업의 심장

벵갈루루의 변화와 혁신을 몰고 오는 중심에는 정보기술(IT) 산업이 있다. 벵갈루루는 '인도 IT산업의 심장'이라고 불릴 정도로 IT산업이 발달해 있다. 인도 IT, 특히 소프트웨어 산업은 세계적 수준이다. 인도 같은 후진국이 잘 해야 얼마나 잘 하겠느냐고 생각할지 모르지만 소프트웨어 기술은 세계 최고인 미국과 어깨를 겨룰 정도다.

벵갈루루만의 소프트웨어 수출액은 2006년 82억 달러(8조 2,000억 원), IT산업 고용인원은 36만 명에 달했다. 이는 인도 전체 소프트웨어 수출액과 고용인원의 30%가 넘는 수치다. 이로 인해 벵갈루루는 미국 실리콘밸리와 보스턴, 영국 런던에 이어 세계 4위의 테크놀로지 도시로 통한다.

벵갈루루는 두 말이 필요 없는 인도 IT발전의 상징이요 메카다. 그래서 현지 기업가들은 벵갈루루가 없었으면 인도 소프트웨어 산업 발전은 불가능했을 것이라는 말을 하기도 한다.

면적 면에서도 벵갈루루는 미국 실리콘밸리보다 방대하다. 우리나라 테헤란밸리가 연장 약 4km에 폭 500m, 대덕단지는 총면적 4.2km 정도에 걸쳐 형성돼 있다. 실리콘밸리는 연장 48km, 폭 18km, 총면적 864평방km에 조성돼 있다. 벵갈루루는 서울 테헤란밸리와 대덕밸리를 합친 것보다 수백 배나 더 넓고, 미국 실리콘밸리보다 두 배 반이나 크다. 그래서 요즘은 벵갈루루가 '인도의 실리콘밸리'를 넘어 '세계의 테크노밸리'화하고 있다는 말도 한다.

현재 벵갈루루에는 델컴퓨터, IBM, 인텔, 선마이크로시스템스, 오라클, 모토로라, 컴팩, 마이크로소프트(MS), 휴렛팩커드(HP), 삼성전자, 엘지전자, 루슨트테크놀로지 등 1,000여 개의 외국기업이 진출해 있다. 19개사에 불과했던 지난 1991년의 상황과 비교할 때 가히 '상전벽해(桑田碧海)'인 셈이다.

벵갈루루에선 운전수도 백만장자

벵갈루루에는 IT기업의 운전수도 백만장자가 많다고 한다. 회사로부터 이른 바 스톡옵션이란 것을 받았기 때문이다. 인포시스 방문 시 필자를 안내한 여직원도 4억 원에 가까운 스톡옵션을 갖고 있었다.

벵갈루루가 '인도의 실리콘밸리'가 된 것은 극히 최근이다. 지난 1997년 벵갈루루가 속한 주 정부가 이 도시를 인도의 IT 허브로 지정한 후 적극적으로 지원한 것이 오늘의 벵갈루루를 있게 했다.

인도는 '수학의 나라'로 널리 알려져 있다. 인도는 과거 제로(0)의 개념을 발견한 최초의 나라이다. 또 인도는 최근에는 구구단 대신 19단을 가르치는 지구상 유일한 나라로 보도되기도 했다.

이처럼 인도가 수학에 강한 이유는 인도 교육이 전통적으로 수학과 과학, 공학 등에 중점을 두어 왔기 때문이다. 그래서 인도 최고의 대학도 일반 종합대학이 아니라 인도공과대학(IIT: Indian Institute of Technology)이다. 인도 아이들과 학부모의 최대 목표는 인도공과대학에 진학하는 것이다.

인도에 가면 어른들이나 아이들이 퍼즐에 열심인 것을 흔히 볼 수 있다. 그런데 이 퍼즐은 우리에게 친숙한 낱말 맞추기가 아니라 숫자 맞추기다. 확률, 순열, 조합 등 여러 가지 수학적 방법을 써 정답을

인도 벵갈루루에서 가장 번화가인 MG로드 주변의 한 야외 카페. 인도 대도시에는 이 같은 서구식 카페가 급격히 늘고 있다. 카페를 찾은 인도 젊은이들의 모습이 서구 여느 나라 젊은이 못지 않게 밝고 자유분방하다.

맞추는 게임이다. 인도 사람들이 수학에 얼마나 익숙한지를 보여주는 좋은 예다.

수학과 과학적 능력에 더해 인도인들은 영어에 아주 능숙하다. 과거 영국의 식민지 경험이 있어 영어를 공용어로 사용하고 있기 때문이다. 그렇기 때문에 영어를 자유자재로 구사하는 유능한 과학 인재가 아주 많다. 주정부는 이들을 어떻게 활용할 것인가 고민하다 당시 세계적인 붐이 일던 IT산업을 발전시켜야겠다는 판단을 했다.

벵갈루루에는 유명한 인도과학대학교(IIS), 인도생명과학대학교(NIBS), 인도항공대학교(NAI), 인도경영대학교(IIM) 등 인재사관학교가 이미 자리를 잡고 있었다. 이후 주정부는 IT산업 인재양성을 목적으로 인도정보통신대학교(IIIT)를 추가로 설립하기도 했다.

이를 바탕으로 주 정부는 기존에 있었지만 활성화되지 못했던 '일렉트로닉스 시티'를 개발하고 새로 '인터내셔널 테크놀로지파크(ITP)'를 만들어 기업들을 유치하기 시작했다. 이들 기업에겐 10년간 소득세 면제 등 다양한 혜택을 주었다.

인도의 낙후되고 지저분한 분위기에 익숙한 사람들은 일렉트로닉스 시티나 인터내셔널 테크놀로지파크(ITP) 등 벵갈루루 IT단지에 가면 깜짝 놀란다. 인도에도 이런 곳이 있었는가 하고 벌어진 입을 닫을 수 없다. 세계 최고의 기업들이 숲을 이루고 있기 때문이다.

특히 인포시스나 위프로 등 인도 토종의 IT기업 안으로 들어가면 더욱 놀란다. 최신식의 아름다운 건물에다 푸르른 잔디와 잘 정비된 도로, 골프 코스, 수영장, 헬스장, IT실험실 등 세계 어느 곳에 내놓아도 손색없는 연구·레저시설을 갖추고 있기 때문이다.

날씨 좋아 과거 왕족의 휴양지

벵갈루루가 인도 IT허브가 된 것은 온화한 날씨도 큰 역할을 했다. 일반적으로 인도 날씨는 매우 덥다. 뉴델리 등 인도의 한여름 날씨는 가히 살인적이다. 보통 섭씨 40~50도를 넘나든다. 그러나 벵갈루루 날씨는 다르다.

지난 2000년 8월 첫 인도 출장 때다. 인도에 IT산업이 꿈틀대고 있다는 소식을 듣고 이를 집중취재하기 위해서였다. 그러나 이때는 한여름이어서 아무도 인도 출장을 가려 하지 않았다. 날씨도 날씨려

니와 전염병이나 인도 음식도 큰 문제였다. 당시 필자는 인도에 한 번도 가보지 않았지만 큰맘 먹고 인도 출장을 자원했다. 출장지가 바로 벵갈루루였다.

사전에 겁을 잔뜩 집어 먹고 방문한 벵갈루루 날씨는 전혀 예상 밖이었다. 우리나라 날씨가 30여 도를 웃돌았으나 벵갈루루는 25~27도에 불과했다. 게다가 바람까지 산들산들 불어 살인 더위는 고사하고 시원함마저 느낄 정도였다. 그것은 벵갈루루가 해발 920m의 고산지대에 위치해 있기 때문이다. 이로 인해 벵갈루루는 옛날부터 상류계층의 휴양지였으며, 영국 식민지 시절에는 영국군이 이 곳을 주요 주둔지로 삼았다고 한다. 어쨌든 주 정부가 벵갈루루를 IT산업 허브로 삼은 데에는 이 곳의 사계절 좋은 날씨가 큰 역할을 했음은 물론이다.

벵갈루루는 이제 소프트웨어 산업에 이어 하드웨어 산업에서도 성장의 날개를 달았다. 그동안 소프트웨어 산업에서 쌓은 기술력을 바탕으로 하드웨어 부문에서도 세계를 주름잡겠다는 야심이다.

뛰어난 기술력과 유능한 인재를 갖추고 있는 벵갈루루는 인프라스트럭처(도로, 항만, 공항 등 사회간접자본) 건설 등 정부의 뒷받침만 있으면 하드웨어 부문에서도 성공할 가능성이 높다. 벵갈루루가 소프트웨어와 하드웨어를 포괄하는 명실공히 정보기술(IT)의 허브로 거듭나고 있는 것이다.

MIT보다 입학하기 더 어려워

미국 매사추세츠공과대학(MIT)에서 있었던 일화다.

한 교수가 공부를 잘하는 인도 출신 학생에게 물었다.

"자네 나라에는 인도공과대학(IIT)이 있는데 왜 MIT에 왔나?"

학생이 쭈뼛거리며 대답했다.

"IIT에 응시했으나 떨어져 MIT에 왔습니다"

이런 이야기도 있다. 인도의 세계적 정보기술(IT) 회사인 인포시스의 나라야나 무르티 회장은 IIT를 졸업했다. 아들도 IIT에 보내 컴퓨터공학을 전공케 하고 싶었다. 그러나 실력이 안돼 아들은 결국 미국 코넬대에 입학했다고 한다.

이들 일화는 IIT의 평판이 얼마나 대단한지를 극명히 보여준다.

인도공과대학(IIT: Indian Institute of Technology)은 인도가 자랑하는 세계적인 대학이다. 'IIT는 인도가 만들어낸 최고의 브랜드'라는 말도 있다. 빈 말이 아니다.

2005년 11월 영국 권위지 〈더 타임스〉가 발표한 '세계 공학 IT대학 랭킹'에서 IIT는 당당히 세계 3위에 올랐다. 미국의 MIT, UC버클리대 다음이었다. 영국의 명문 캠브리지대는 6위, 중국 칭화대는 17위였다. 서울대는 65위를 기록했다.

명성만큼이나 IIT는 인도 국내외에 쟁쟁한 동문들을 배출했다. 빅터 메네제스 시티그룹 수석 부회장, 비노드 코슬라 선마이크로시스템스 창업자, 짐 클라크 넷스케이프 창업자, 라자 굽타 맥킨지 회장, 마노하르 파리가르 고아주 총리 등 이루 헤아릴 수 없이 많은 저명인사들이 IIT 출신이다. IIT동문들이 인도는 물론 세계를 주름잡고 있는 것이다.

이와 관련해 빌 게이츠 마이크로소프트(MS) 회장은 IIT를 '세상을 변화시킬 거대한 잠재력을 지닌 학교'라고 평했다.

석학 케네스 갈브레이스도 "IIT의 설립이 미국에 실리콘밸리라는 인도 식민지를 만드는 결과를 초래하리라고는 상상조차 못했다"고 전율했다. 미국 실리콘밸리의 상당수 기업경영자와 엔지니어들이 IIT 출신인 것을 빗대서 한 말이다.

세계 최고의 IT인재 산실

IIT는 1951년 당시 네루 총리가 MIT를 모델로 설립했다. 그래서

인도에서 최고의 수재들이 다니는 인도공과대학(IIT) 델리 캠퍼스 모습. IIT는 미국 MIT대학을 모델로 설립됐는데, 이 곳에 입학하기란 하늘의 별따기만큼이나 어렵다고 말한다.

'인도의 MIT'로 불린다. IIT는 뉴델리를 비롯해 뭄바이(옛 봄베이), 카락푸르, 첸나이, 칸푸르, 구와하티, 루르키 등에 7개의 캠퍼스를 갖고 있다.

IIT는 JEE(Joint Entrance Exam)이란 시험을 통해 공동으로 학생을 선발한 후 희망과 성적순에 따라 7개 캠퍼스에 배정한다. 외국인 학생도 입학할 수 있으나 학부에는 아직 한 명도 없다고 한다.

IIT에 입학하기란 하늘의 별따기다. 인도 교육은 전통적으로 과학과 수학을 중시해 공대인 IIT에 최고의 인재들이 몰린다. 특히 카스트(계급사회)가 엄연히 존재하는 인도에서 IIT 입학은 신분상승과 부(富)를 얻는 첩경이다. 그래서 IIT에 들어가기 위한 과외열풍은 상상을 초월한다. 델리 캠퍼스의 통계에 따르면 입학생 중 90% 이상이 과외를 한 것으로 나타났다.

IIT 델리 캠퍼스의 마노즈 다타 학장은 "매년 인도 전국의 수재 20만 명이 IIT에 지원해 그 중 4,000~4,500명 정도가 입학 허가를 받는다"고 말했다. 외형적으로는 50대 1이지만 11억 인구 중 내로라는 수재들끼리 벌이는 '피터지는 경쟁'임을 감안해야 한다. MIT나 하버드 등 미국 명문 대학의 경쟁률은 10대 1 안팎에 불과하다. 따라서 IIT에 떨어져 MIT에 간다는 말이 농담이 아닌 것이다.

IIT와 MIT 중 어디 곳이 우수한지 묻자 뭄바이 캠퍼스의 디판 고쉬 부총장은 손을 내젓는다. "MIT는 IIT의 역할 모델로 아직은 MIT가 많이 앞서 있다"고 겸손해 한다. 그러나 그의 표정과 목소리엔 머잖아 MIT도 능가할 것이라는 자신감이 묻어났다.

IIT 입학이 바늘구멍이지만 입학했다고 해서 끝이 아니다. 그때부터 4년의 혹독한 수련기간이 기다리고 있다. IIT를 졸업하려면 최소 180~200학점을 이수해야 한다. 한국(140점)보다 훨씬 많다. 게다가 경쟁 상대는 인도 최고의 수재들이다.

GE · 인텔도 졸업생 잡으려 줄 서

IIT의 세계적 경쟁력은 충만한 대학의 자유에서 나온다. 최대한의 학문적 자유가 치열한 경쟁을 촉진하기 때문이다.

인도 교육제도는 과거 영국 식민통치의 영향으로 영국과 유사하다. 그러나 IIT는 미국식 제도를 채택하고 있다. 미국식 교육제도의 특징에 대해 고쉬 부총장은 "학생들에게 학습을 강제하지 않고 자유를 주며 스스로 경쟁하게 하는 것"이라고 설명했다.

학생의 자유 못지않게 중요한 것은 교수와 대학의 자유다. IIT 교수들은 교육과정, 교육방법, 시험방식 등 교육에 관한한 전적인 자유를 누리고 있다. 대학 당국도 학사일정, 교육정책, 학위수여 등에서 완전한 자유를 향유한다. 심지어 IIT 각 캠퍼스 간 학사일정이나 교육과정도 모두 다르다. 그만큼 자율적이라는 얘기다.

고쉬 부총장은 "IIT는 정부로부터 일정액의 재정적 지원을 받고 있다"며 "그렇다고 정부가 학문적인 것과 관련해 간섭은 일체 하지 않는다"고 말했다.

토론 위주의 교육방식도 IIT의 경쟁력을 키우는 중요한 요소다. 다타 학장은 "IIT는 교수와 학생 비율이 9대1로 1대1 수업과 토론을 중시하는 교육을 하고 있다"고 말했다.

IIT 카락푸르 캠퍼스를 졸업했다는 인도 삼성전자연구소(SISO)의 리야드 라쉬드 수석 전략가는 "IIT 교육은 고등학교 때의 주입식 방식과는 전혀 달랐다. 교수들은 가르친다기보다 학생들이 스스로 생각하고 연구하도록 가이드를 해주었다"고 회고했다.

현장 위주의 교육과 긴밀한 산학연계도 IIT의 강점이다. 대부분의 IIT 대학교수들은 기업 프로젝트나 컨설팅을 수행하고 있다. 특히 IIT는 현재 총 60개에 달하는 최첨단 기술 창업보육센터를 운영하고 있다. 미국의 스탠퍼드대나 MIT를 벤치마킹한 것이다. 이를 통해 학

미국 스탠퍼드 대학의 IT기업 창업 인큐베이터센터를 벤치마킹해 설립한 인도공과대학 (IIT) 뭄바이 캠퍼스 창업 인큐베이터센터(SINE). 이는 IIT가 현장위주, 산학연계 교육을 실시하는 대표적 사례 중 하나다.

생들은 최신 기술과 살아있는 지식을 습득한다.

뭄바이 캠퍼스 창업 인큐베이터센터(SINE) 책임자인 N L 사르다 교수는 "학생들의 혁신적 아이디어를 실제 창업에 응용하게 함으로써 준비된 'IT전사(戰士)'들을 육성하고 있다"고 말했다. 그는 "만약 IIT가 없었다면 인도 IT산업 붐은 없었을 것"이라고 단언했다.

IIT의 또 다른 특징은 학생과 교수를 포함한 전 교직원이 캠퍼스 내 기숙사에 거주한다는 사실이다. 이는 의무사항으로 교수와 학생 간 상호 이해와 밀접한 교류를 위해서다. 또 학생들 간 경쟁을 촉진하려는 측면도 있다.

고쉬 부총장은 "학교 내에 거주함으로써 학생들은 언제든지 실험실 등을 이용할 수 있고, 학생과 교수는 아무 때나 만나 묻고 토론할 수 있다. 새벽 2시라도 학생이 원하면 교수를 만날 수 있다”고 밝혔다. 델리 캠퍼스 대학원에 재학 중인 다난자이 싱은 “공부에 관한한 이처럼 무제한의 자유가 IIT의 경쟁력을 만든다”고 자랑했다.

졸업시즌이 가까워지면 7개 IIT 캠퍼스엔 졸업생을 스카우트하려는 기업들로 장사진을 친다. GE, 인텔, MS, 삼성전자 등 세계적 기업들이 이들에게 온갖 구애작전을 벌인다.

김규출 인도 삼성전자연구소(SISO) 소장은 “IIT 졸업생에 대한 수요는 폭발적인데 공급은 한정돼 있다”며 “기업들은 보다 높은 연봉과 스톡옵션 제공 등으로 이들을 끌어가려 구인전쟁을 치른다”고 전했다.

IIT 마피아 세계 각 분야서 명성

‘지구상에서 가장 무섭고 막강한 영향력을 발휘하는 공과대학’.

유명한 인터넷 잡지인 살롱닷컴이 인도공과대학(IIT) 동문들의 영향력을 표현한 말이다. 물론 과장된 측면이 없지 않다. 그러나 이는 인도 국내외를 누비는 IIT 출신들의 힘과 위상을 아주 적절하게 지적하고 있다.

IIT 출신들이 세상에 급부상한 시기는 1990년대다. 그전까지는 주로 미국의 학계에서만 알려져 있었다. 1990년대 테크놀로지 붐이 조용히 활동하던 그들을 세상의 전면으로 끌어올렸다.

IIT 출신들은 전공이 그러하듯 정보기술(IT) 산업에 근무하는 사람들이 많은 비중을 차지한다. 미국 실리콘밸리에서 빛나는 재능을 발휘하는 경영자와 엔지니어가 많은 것도 바로 그런 이유다. 미국에서 한창 IT붐이 일 땐 이력서에 IIT 출신이라고 적혀있기만 하면 벤처 자본가들이 줄줄이 따라다녔다고 한다.

그러나 IIT 출신들의 활동 영역은 이공계에만 한정되지 않는다. 정부, 금융, 과학, 학계 등 사회 거의 모든 부문을 아우르며 명성을 날리고 있다. 월스트리트 금융기관의 상층부에도 포진하고 있으며, 〈포천〉 500대 기업 가운데 IIT 출신이 중역으로 근무하지 않는 곳이 거의 없을 정도다. 세계은행과 국제통화기금(IMF), 미국항공우주국(NASA) 등에도 IIT 출신들이 확고한 자리를 잡고 있다.

물론 인도 국내에서도 정치, 경제, 기업, 사회 각 부문에서 IIT 맨들은 막강한 영향력을 행사하고 있다. 그래서 일부에선 이들을 'IIT 마피아'로 부르기도 한다.

인도 내에서 대표적인 IIT 출신 IT기업인은 인포시스 테크놀로지의 나라야나 무르티 회장이다. IIT 칸푸르 캠퍼스를 졸업한 그는 인도 토종기업인 인포시스를 세계적인 IT기업으로 키웠다. 무르티 회장에 이어 요즘 차세대 IT 주자로 성가를 드높이고 있는 인포시스의 난단 닐레카니 사장도 IIT 뭄바이 캠퍼스를 졸업했다.

우리나라 전경련에 해당하는 인도산업협회(CII) 회장도 IIT 출신이다. 델리 캠퍼스를 졸업한 Y C 데베슈와르는 담배, 호텔, 제지 등을 아우르는 인도 굴지의 ITC그룹 회장을 맡고 있다. 또 4만여 명의 직원을 거느린 대기업인 힌두스탄 레버의 M S 방가 회장도 IIT 동문이다.

이 밖에 인도 유력 기업인 샘텔그룹의 사우라브 스리바스타바 회장, 차테르지 그룹의 푸르넨두 차테르지 회장도 IIT 출신이다. 정치인으로는 아지트 싱 전 농림부장관과 마노하르 파리카르 고아주 총리 등이 있다.

갈색 왜성을 발견한 세계적인 천체 물리학자인 슈리니바스 쿨카르니 박사도 IIT를 나왔으며, 날카로운 경제분석과 정확한 전망으로 명성이 드높은 국제통화기금(IMF) 수석 이코노미스트인 라구람 라잔 박사도 IIT 동문이다.

해외 저명 IIT 동문으로는 빅터 메네제스 시티그룹 수석 부회장, 선 마이크로시스템스 공동 창업자인 비노드 코슬라, 아슈 굽타 미국 센추리온은행 회장, 세계 최대의 이동통신 업체인 영국 보다폰의 아룬 사린 최고경영자(CEO), 세계적인 컨설팅사인 맥킨지컨설팅의 라자 굽타 회장, 인포유에스에이의 비노드 굽타 회장 등이 있다.

또 미국 네트워크사의 대표주자인 시카모어 네트웍스의 구루라즈 데시 데슈판데 회장과 로노 두타 전 유나이티드항공 사장(현 인도 하하라항공 사장), 라케시 강왈 전 유에스항공 사장, 아룬 네트라발리 전 벨연구소장 등도 모두 IIT를 나온 동문이다.

MIT, 게섰거라. IIT가 간다

디판 고쉬 IIT 뭄바이 부총장

"인도공과대학(IIT)은 최고를 지향한다. 학생들이 무엇을 하든 최고가 되라고 교육한다."

디판 고쉬 IIT뭄바이(옛 봄베이) 캠퍼스 부총장은 "IIT가 설립 이후 추구한 일 관된 목표는 '최고(the best)'였다며 이 같은 분명한 지향이 오늘의 IIT를 있게 한 것 같다"고 말했다.

다음은 일문일답 내용이다.

– IIT는 '인도 최고의 브랜드'라고 하는데….

▶과찬이다. 그러나 인도 최고의 인재들이 몰리고 최고의 이공계 인재를 배출 하는 세계적 교육기관임은 분명하다. 특히 IIT는 인도 정보기술(IT) 혁명을 이끌어왔고 이끄는 선두주자이다.

– 학생들이 서로 IIT에 들어오려고 하는 이유는?

▶최고의 학생들이 모여 있고, 최고의 교수가 있으며, 최고의 교육을 제공하 기 때문이다. 정부가 재정지원을 해줘 학비가 여타 학교에 비해 싼 것도 IIT 를 찾는 중요한 원인이다. 그러나 가장 중요한 것은 최고의 교육기관이라는 IIT가 갖고 있는 브랜드 네임 때문이다.

– IIT의 강점이라면?

▶우선 매우 치열한 과정을 거쳐 최고의 학생들이 선발된다는 점이다. 둘째는 우수한 교수진이다. 세계적 수준의 우수한 교수들이 매우 자율적인 분위기 에서 학생들을 교육한다. 교수와 학생 비율은 9대 1로 교수와 학생 간 1대 1 교육이 가능하다.

– IIT가 가장 강조하는 교육 목표는?

▶IIT가 대표하는 것은 최고를 지향한다는 점이다. 학교에선 학생들이 무엇을 하든 최고가 되라고 가르친다. 교육환경 측면에서도 학교는 학생들에게 최 고의 면학 분위기와 리서치 환경을 제공한다.

- IIT 교육방법과 다른 대학의 차이점은?

 ▶대부분 인도 학교 교육은 교수의 강의에 의존한다. 교수가 가르치면 학생들
  은 이를 암기하고 시험을 치른다. 그러나 IIT는 토론 위주의 교육을 한다.
  교육환경은 매우 자율적이고, 시험은 예고 없이 오픈 북 테스트(교과서 등
  모든 자료를 참고하면서 치를 수 있는 시험)를 한다. 학생들이 항상 공부에
  매진케 하려는 취지다. 이러면 학생들이 받는 교육의 질이 주입식으로 배우
  는 것보다 당연히 뛰어나지 않겠는가.

- 창의성을 고양하기 위해 어떤 교육을 하나?

 ▶모든 학업은 일정 정도의 암기가 불가피하다. 우리는 이에서 한발 더 나가
  학생들이 스스로 공부하게 하고 교육의 방향을 제시하는데 큰 역점을 두고
  있다. 즉, 학생들이 스스로 공부할 수 있도록 최대한 자율권을 부여한다.

- 정부로부터 재정지원을 받으면 정부의 간섭이 우려되는데….

 ▶정부에서 일정한 재정 지원을 받는다. 그래서 다른 대학과 달리 재정적 어
  려움에서 자유롭다. 그렇다고 정부가 학문적인 것과 관련해 간섭을 한 적은
  없다. 정부가 개입하는 부분이 있다면 학생 선발 시 일정 지분의 카스트(천
  민계급) 학생을 받아들여야 한다는 강제조항뿐이다. 그러나 이 역시 누구를
  선발할 것인가 등 학생 선발은 학교가 자율적으로 결정한다.

- 창업 인큐베이터는 어떻게 운영되고 현재 몇 개의 프로젝트가 진행 중인가?

 ▶학생과 동문들이 기업을 자신의 아이디어로 기업을 창업하는데 필요한 기
  본적 자금, 인프라와 환경을 제공한다. 이는 1990년대 후반 미국의 실리콘
  밸리와 스탠퍼드대로부터 벤치마킹한 것이다. IT가 중점 지원 분야이고, 생
  명공학(BT)을 위시해 이공계 전 분야가 대상이다. 현재 뭄바이 캠퍼스에선
  18개의 첨단 창업 프로젝트가 진행 중이다.

- 졸업 후 취업률과 평균 연봉은?

 ▶취업률은 100%다. 일부는 유학을 가거나 상급학교에 진학하고 일부는 취업
  한다. 연봉은 분야에 따라 모두 달라 일괄적으로 말하기 어렵다. 직종 가운
  데 IT부문 취업자가 가장 높은 보수를 받는 것으로 알고 있다.

5

단돈 100만 원으로 창업

———

"미국 나스닥증시에 상장한 최초의 인도 기업, 직원들에게 스톡옵션을 준 최초의 인도 기업, 영업이익을 장학금 기부 등 대거 사회로 환원하는 회사, 가장 존경 받는 글로벌 지식기업 〈파이낸셜타임스〉, 소프트웨어 부문 아시아 최고 기업 〈글로벌 파이낸스 매거진〉, 기업 투명성 아시아 최고 기업(아시아회계사협회)…"

인도 대표 정보기술(IT) 기업인 인포시스 테크놀로지(Infosys Technologies)를 지칭하는 말이다. '인도의 마이크로소프트(MS)'로 통하는 인포시스는 미국에는 비교적 널리 알려져 있지만 한국에는 아직 잘 알려지지 않은 회사다. 도대체 어떤 기업이길래 이처럼 좋은 평가를 받을까.

인포시스는 IT서비스와 컨설팅을 제공하는, 인도가 자랑하는 글로벌 기업이다. 전 세계적으로 5만 8,000여 명(2006년 현재)의 직원을 두고 있고, 2006(2005년 4월~2006년 3월)년 연간 매출 22억 달러(약 2조 2,000억 원)와 순익 5억 6,000달러를 기록했다. 매출 규모로 따지면 물론 한국의 삼성전자(57조 원)나 LG전자(33조 원)에 비교가 되지 않는다.

그러나 인포시스가 설립된 지 20여 년밖에 안됐고, 삼성이나 LG처럼 상품을 파는 회사가 아니라 서비스를 제공하는 회사임을 고려해야 한다. IT서비스회사 매출로는 세계에서 다섯 손가락 안에 든다. 인포시스는 20여 년 전 불과 1,000달러라는 적은 돈으로 창업한 회사이다. 게다가 연평균 성장률이 40%를 웃돈다. 앞으로 성장 잠재력이 매우 크다는 말이다.

이와 관련해 CNN머니는 "인포시스는 세계에서 가장 빨리 성장하는 테크놀로지 회사 중 하나로 머지않아 세계 최대 IT서비스회사 반열에 포함될 것"이라고 전망했다.

특히 주목할 점은 인포시스가 규모가 아닌 기업 가치 측면에서 인도는 물론 세계 각국 기업의 모델이 되고 있다는 점이다. 인포시스는 기업투명성, 주주가치 증대, 사회 기여 등 측면에서 글로벌 기업들의 벤치마킹 대상이 되고 있다.

최고급 리조트단지 같은 사옥

인도 중남부 벵갈루루 일렉트로닉스 시티에 자리 잡은 인포시스 본사에 들어서면 눈이 휘둥그래진다. 7만여 평에 달하는 넓은 대지 위에 터 잡고 있는 사옥 단지는 보는 이들의 감탄을 금치 못하게 한다. 사옥 옆에 골프장이 설치되어 있는가 하면 사우나스팀 시설이 구비된 헬스장, 수영, 테니스, 야구, 배구장 등 각종 체육 시설이 완벽히 갖추어져 있다.

또 사옥 곳곳에는 피자체인과 커피점이 들어서 있고 식당 또한 인도식을 위시해 서양식, 중국식, 태국식 등 각자 입맛에 따라 먹을 수 있도록 다양하게 마련돼 있다. 마치 대단위 리조트 단지에 들어와 있는 느낌이다.

수십여 개 동에 달하는 사옥은 친환경 · 인체공학적으로 세련되게 설계돼 있다. 전 건물은 완전히 인텔리전트화해 초고속 통신망이 국내 지사는 물론 전 세계 지사를 거미줄처럼 연결해 준다. 특히 주목할 점은 연구개발(R&D)등 시설이 초현대식으로 대단히 우수하고 건물마다 연구와 강의를 할 수 있는 강의실이 완비되어 있다는 점이다.

인포시스는 '품질경영'을 목표로 R&D 분야에 심혈을 기울이는 것으로 정평이 나 있다. 인포시스 사옥 단지는 통상 우리가 알고 있는 이익추구 회사라는 느낌이 들지 않는다. 마치 위락단지와 연구소를 결합한 대학 캠퍼스 같은 인상을 준다.

그래서인지 인포시스 사내를 걷다 보면 회사치고는 매우 독특한

마치 대학캠퍼스나 연구소를 연상시키는 인포시스 테크놀로지 사옥. 사내에는 골프장, 테니스장, 헬스장, 사우나시설은 물론 세계 각국의 음식을 먹을 수 있는 식당이 마련돼 있는 등 마치 대단위 리조트단지에 와있는 듯한 착각을 불러 일으킨다.

분위기를 느끼게 된다. 그 분위기는 '인간적'이란 표현이 어울릴 듯하다. '인간적'이라는 것이 애매한 표현이긴 하지만 이보다 인포시스 사내 분위기를 더 잘 나타내기는 어려울 듯하다.

사내 곳곳에선 다양한 모습의 사원들을 볼 수 있다. 잔디밭에서 열띤 토론을 벌이거나 잔디밭 옆 벤치에 누워있는 사람, 커피를 마시거나 식사를 하는 사람, 골프나 테니스 같은 스포츠를 즐기는 사람 등 아주 다채롭다. 일과 시간임에도 불구하고 행동에 제한이 없는 듯하다.

궁금하던 참인데 사내 안내를 맡은 여직원이 그 이유를 알려준다.

"우리는 회사 사옥을 캠퍼스라 부릅니다. 단지 말로만 그렇게 하는 것이 아니지요. 대학과 마찬가지로 직원들은 어느 때고 자신이 하고 싶은 것을 합니다. 헬스클럽에서 체력단련을 하기도 하고 피곤하면 사우나를 즐기기도 합니다. 자신의 일과시간을 스스로 정하는 유연한 근무시스템입니다. 인도 회사에선 유례를 찾기 힘든 사례입니다."

정문에서 바라 본 인포시스 테크놀로지 사옥의 한 건물.

인포시스에는 특별히 정해진 일과시간이 없다. 하루 24시간 중에서 자신에게 맞는 시간을 정해 일하고 성과를 내면 된다. 그래서 이른 시간인 아침 6시부터 캠퍼스가 붐비기 시작한다. 회사 식당에선 아침과 점심, 저녁, 밤참 등이 모두 제공된다. 식당에선 말단 사원에서 임원, 사장, 회장까지 함께 식사를 한다. 일 때문에 집에 가지 못하는 사람들을 위해 최신식 기숙사도 갖춰져 있다. 인도 밖은 '지옥'에 가깝지만 인포시스 사내는 일할 수 있는 최적의 조건을 갖춘 '천국'인 셈이다.

시설은 최첨단, 사풍은 보수적

사옥은 최신식 설비와 복지시설을 갖추고 있지만 사풍은 매우 보수적이다. 진취적이고 공격적인 인포시스의 사업 스타일에 비해 상당히 의외다. 그것은 인포시스가 인도 전통을 중요하게 생각하고 인도 중산층의 가치를 중시하기 때문이다.

이런 특성은 경영 방식에서도 확인할 수 있다. 인포시스는 부채를 극히 싫어한다. 돈이 있으면 사채 등 수익성이 높은 부문에 투자하는 대부분의 인도 기업과 달리 인포시스는 비록 수익성이 낮더라도 안전한 쪽을 택한다. 이 같은 적자를 허용하지 않는 분위기로 인해 인포시스의 재무구조는 매우 튼튼하다.

이 회사 재무담당이사인 모한다스 파이는 "우리는 회사 경영에는 위험이 따른다는 사실을 잘 알고 기꺼이 위험을 감수하려 한다. 그러나 재무상 위험은 가능한 피하려는 게 창업 이래 경영 방침"이라고 말했다.

사내에서 무례한 행위를 용납하지 않는 것도 주목할 만하다. 인도 중산층의 가치를 중시해 겸손과 예절을 중요한 덕목으로 삼기 때문이다. 회사에선 물론 적극적인 토론이나 도전을 권한다. 토론은 혁신의 중요한 과정이기 때문이다.

그러나 이는 예절을 지키며 해야 한다. 토론이나 대화에는 기본적인 절도나 상대방에 대한 존중이 필수적이라고 생각하기 때문이다. 이는 나라야나 무르티 회장을 비롯해 누구에게나 적용되는 수칙이다.

무르티 회장은 "상대방의 생각이나 의견에 대해 비판적일 수는 있다. 그러나 비판하더라도 그 방식은 예의를 벗어나서는 안 된다. 무례함은 비판의 본질을 변질시켜 단순한 말싸움으로 만들 수 있다"며 예절의 중요성을 강조했다.

사원들의 예의 중시는 언행에만 그치지 않는다. 실제 옷차림이나 생활에서도 이를 적극 실천한다. 인포시스 사원들은 스톡옵션을 받아 다수가 부자들이다. 최소 수천만 원에서 많으면 수백억 원 대에 달한다. 수천만 원이라 해도 개인 당 연간 국민소득이 700달러 안팎인 인도인 기준에서 보면 엄청난 돈이다.

그러나 인포시스 사원들은 옷차림도 검소하고, 자가용도 소형이다. 무르티 회장을 보면 이것이 빈말이 아님을 실감할 수 있다. 무르티 회장이 쓰는 사무실은 네댓 평 정도 되는 공간에 책과 자료가 많이 쌓여 있어 비좁기 짝이 없다. 평범한 교수 연구실 같은 느낌을 준다. 그는 출장 시 이코노미석을 이용하고 자가용도 1,500cc 소형차다. 돈 좀 벌었다 하면 고급 대형 세단에 으리으리한 사무실을 사용하는 한국 기업인들과 비교된다.

적은 연봉 불구 직원들 "회사가 좋아"

인포시스가 인도 중산층의 가치를 중시하는 회사이니만큼 인재를 관리하는 방식도 독특하다. 인포시스의 가장 중요한 성공 요인 중 하나는 뛰어난 인재의 채용과 유지다. IT소프트웨어 산업은 특성상 얼마나 우수한 인재를 확보해 활용하는가에 달려 있다. 인포시스는 우수 인재를 뽑아 이들을 교육훈련하는 데 많은 투자를 했다.

그러나 여기에는 딜레마가 존재한다. 돈을 많이 들여 인력을 교육시키면 이들은 몸값이 올라가 더 나은 일자리를 찾아 이직을 고려하기 마련이다. 특히 최근 들어선 유명한 다국적 기업들이 인도에 들어와 고임금과 해외근무 기회 등을 제시하며 유능한 IT인력을 구하려 혈안이 되어 있다. 당연히 인도 대표 IT기업인 인포시스 직원들이 이들 다국적 기업의 스카우트 표적이 되곤 한다.

특히 인포시스는 인도 최고의 회사이면서도 임금은 업계 최고로 주지 않는 것으로 유명하다. 인포시스의 연봉은 언제나 업계 중간 수준에 맞춰져 있다. 따라서 다국적 기업들은 인포시스 직원들에게 최고의 대우를 보장해 주면 영입해 올 수 있다고 생각한다.

그러나 이런 생각은 종종 빗나가곤 한다. 예상 외로 높은 보수를 주겠다는 제의에도 불구하고 인포시스를 떠나는 직원들은 오히려 경쟁사에 비해 적다. 인포시스는 인도 IT기업 중 최저의 직원 이직률을 자랑하고 있다. 그 이유가 무엇일까. 업계 평균 정도의 연봉만 주는데도 이 회사는 어떻게 우수 인재를 뺏기지 않고 잘 유지하고 있을까.

그 비밀은 인포시스가 중산층의 가치를 중시하는 인재 채용을 하는데 있다. 인포시스는 인력을 뽑을 때 결코 스타들을 뽑지 않는다. 여기서 스타란 학교에서 최우수 성적을 낸 수재들을 말한다. 이들은 조건이 맞지 않거나 직장이 싫증나면 언제든 다른 곳으로 옮겨갈 사람이라고 이 회사는 판단한다. 그래서 인포시스에서 인력 채용 인터뷰는 보다 공격적이고 도전적인 사람을 제외하는 과정이라고 할 수 있다. 요즘 우리 기업들이 선호하는 인재상(像)과는 차이가 있다.

대신 인포시스는 직원의 학습능력에 큰 비중을 둔다. 지식경제의 시대에 새로운 기술과 지식을 얼마나 빨리 익히고 이를 배우려는 의지가 어느 정도 강한지를 중점 평가한다. 일단 선발한 다음에는 3개월간의 철저한 입사교육을 받는다. 신병훈련소처럼 엄격한 교육훈련을 받고 나면 미국의 어느 유명 IT대학 졸업생 못지않은 실력을 갖추게 된다. 물론 이 입사 교육은 비단 기술적인 것뿐만 아니라 인포시스의 가치관이나 문화도 포함한다.

이런 과정을 거쳐 인포시스맨이 된 사람들은 외부의 웬만한 스카우트 유혹에도 흔들리지 않게 된다. 이것이 바로 인포시스가 최고의 연봉을 주지 않으면서도 유능한 인재를 유지하는 비결이다. 여기서 직원들에게 부여하는 스톡옵션도 인포시스의 인재경영에 중요한 역할을 함은 물론이다.

그럼에도 인포시스에 취직하고자 한해 140만 명이 넘는 인재들이 인도 전역에서 구름처럼 몰려든다. 이중 약 1,000명 정도를 뽑으니 경쟁률이 자그마치 1,400대 1이다. 11억 명이 넘는 인도 인구 중 기라성 같은 인재들이 지원해 또 그 중에서 천문학적인 경쟁률을 뚫어야 비로소 인포시스에 입사할 수 있는 것이다.

'직원들을 백만장자로' 가 창업 목표

인포시스는 한 사람의 통찰력과 비전에 의해 만들어진 회사다. 조

그만 컴퓨터 회사에 다니던 무르티 회장은 어느 날 소프트웨어 엔지니어의 고용비용이 미국과 인도 사이에 엄청나게 차이난다는 사실을 발견한다. 그 차이는 너무 커서 인도 소프트웨어 엔지니어를 미국에 보내 서비스를 해주어도 이익이 매우 클 정도였다.

이 같은 차이는 한 때 사회주의자였던 무르티 회장으로 하여금 사업가의 꿈을 키우도록 했다. 사업으로 돈을 벌어 이 돈을 나누면 빈곤을 없앨 수 있고, 많은 사람들이 백만장자가 될 수 있다고 생각했다. '자본주의의 꽃'인 사업가가 되어 사회주의 이상을 현실로 펼쳐 보이겠다는 야무진 꿈이었다.

이 꿈을 실현키 위해 같은 회사에 다니던 동료 6명과 십시일반으로 1,000달러를 모아 1981년 인포시스를 창업한다. 이후 10여 년만인 1993년 회사를 증권시장에 상장했다. 이 때 주당 상장 가격은 9루피(약 240원). 그러나 이 회사 주가는 2006년 11월 현재 뉴욕증권시장에서 56달러(약 5만 2,000원)를 호가하고 있다. 주식 가격이 상장가에 비해 200배 이상 상승한 것이다. 사원들에게 스톡옵션을 나눠 줘 백만장자로 만들겠다던 무르티 회장의 꿈이 실현된 것이다.

창업 당시 인포시스의 대부분 고객은 미국에 있었다. 따라서 모든 서비스는 고객이 있는 현지에서 이루어졌다. 직원들이 고객이 있는 곳으로 가 계획하고 준비하고 시스템을 실행시켰다. 이른바 '온사이트(On Site)' 서비스였다.

온사이트 서비스는 한 프로젝트가 끝나야 다른 프로젝트로 옮겨갈 수 있었다. 당시 수익금은 상당히 컸다. 일례로 1980년대 초반 인도 벵갈루루 소프트웨어 엔지니어 임금은 미국 캘리포니아의 10분의 1에 불과했다.

인력을 구하는 것은 문제가 없었다. 영어를 할 줄 알고 잘 훈련된 소프트웨어 엔지니어들이 인도에는 넘쳐났기 때문이다. 당시 인도에는 소프트웨어 엔지니어들이 한 해 10만 명씩 쏟아져 나왔으나 일자리가 없었다.

이 같은 온사이트 서비스 모델은 1990년대 후반까지 통했다. 그러나 1990년대 후반으로 들어서면서 인도 소프트웨어 시장에는 신규사들이 물밀듯이 진입했다. 장래 수익성에 경고가 울렸다. 인포시스는 새 비즈니스모델을 개발했다. 널리 알려진 역외(Offshore) 소프트웨어개발(OSDCs) 모델이었다.

이는 고객이 있는 현장(On site)이 아닌 역외에서 주문을 받아 소프트웨어 서비스를 제공하는 방식이다. 예를 들어 미국 기업이 서비스를 원할 때 과거 같으면 인포시스 직원이 직접 미국에 가서 서비스를 제공해주었으나 이젠 그럴 필요 없이 인도 벵갈루루 사내로 과제를 가져와 해결한 다음 이를 고객사에 보내게 된다.

해외로 갈 필요가 없으니 비용절감과 함께 규모의 경제도 실현할 수 있게 됐다. 이에 따라 미국 유럽 등 해외에는 마케팅 사무실을 내 마케팅과 고객서비스 활동만 하면 됐다.

직원이 직접 가는 대신 주문을 받아서 서비스를 제공하니 기업의 신뢰도가 매우 중요하게 되었다. 어떤 회사인 줄도 모르고 무턱대고 값비싼 서비스를 주문할 수는 없기 때문이다. 이 과정에서 인포시스가 이미 획득한 국제품질인증(ISO 9001)과 세계적 소프트웨어 품질 보증 기준인 CMM레벨 5 인증이 큰 도움이 됐다. 회사 이름은 몰라도 인증을 받은 회사임을 알고는 계약해 주었기 때문이다. ISO 9001이나 CMM 레벨5는 세계 최고의 기술과 품질을 갖춘 기업에만 부여하는 인증이다.

무르티 회장은 "속임수 없이 실력으로 승부한다는 것이 회사의 모토"라며 "고객들이 인포시스의 실력을 믿어준 것이 성공의 디딤돌이었다"고 강조했다.

이웃의 가난을 그냥 볼 수 없어 창업 / 나라야나 무르티 인포시스 회장

사회주의가 정의로 통하던 시대가 있었다. 가난한 자에 대한 연민, 정의에 대한 열정을 지닌 자라면 대개 사회주의자가 됐던 시절이었다. 경제 정의는 사회주의를 통해서나 달성할 수 있다고 믿었으므로.

인포시스 테크놀로지(www.infosys.com)의 나라야나 무르티 회장. 인도에서, 아니 이제 세계에서 가장 존경 받는 기업인 중 한 사람

이 된 그도 한 때는 시대가 만들어낸 사회주의자였다.

그를 만났다. 회장실이 옹색하고 비좁아 회의실에서 자리를 같이 했다. 조그만 몸집의 시골 아저씨 같은 평범하고도 어눌한 모습이 오히려 사람을 끄는 듯 했다. 대단히 겸손하고 순박한 사람이라는 느낌이 전해져 왔다.

인포시스는 1999년 3월 인도 기업으로는 사상 최초로 미국 나스닥 증시에 상장했다. 그와 동료 6명이 서로 갹출해 마련한 자본금 1,000달러(약 100만 원)로 1981년 설립한 회사다.

"친구들과 기업을 해 보자고는 했으나 사회주의 운동에 헌신했던 탓에 자본금이 전혀 없었습니다. 75달러를 아내에게 빌리는 등 가까스로 제 할당 분 250달러를 마련했지요."

자본금 1,000달러로 시작한 회사가 이제는 시장가치 314억 달러(2006년 11월 현재)에, 직원 수 5만 8,000여 명의 유력 기업으로 성장했다. 글로벌 시장에 정보기술(IT)컨설팅과 소프트웨어 서비스를 제공하는 인포시스는 지난 10년간 연평균 40% 이상의 고속 성장을 질주해왔다. 2006년 회계연도에 22억 달러 매출과 5억 5,500만 달러의 순익을 달성했다. 전년 대비 40%를 웃도는 순익 증가였다.

외형 성장뿐 아니다. 인도 기업에 주는 최고 권위의 '인도에서 가장 존경 받는 회사상', '지배구조가 가장 건실한 회사상', '최고 사원 복지상', '최고 경영상' 등을 매년 휩쓰는 등 경영과 내실도 탁월하다. 무르티 회장의 사회주의 투신 동기가 궁금했다.

"나 자신도 극빈 가정에서 태어났지만 그 보다는 주변에 널려있는 이웃들의 가난이 참기 어려웠습니다. 특히 나를 화나게 한 것은 특권층의 지나친 호화사치 생활이었지요. 인도인 대다수가 비인간적 빈곤과 기아에 시달리는데도 이들 극소수 특권층은 국민 위에 군림하며 천상(天上)의 생활을 영위하고 있었습니다."

사회주의에 실망 기업인의 길로

그는 이들 특권층의 부와 권세를 대다수 국민과 나누어야 한다고 생각했다. 방법은 사회주의밖에 없었다. 사회주의만이 인도의 가난을 구하고 정의를 실현하는 길이라고 확고하게 믿었다. 평생을 사회주의에 몸 바치리라 결심한 그는 프랑스 한 소프트웨어회사에서 엔지니어로 일해 모은 돈 모두를 고아원에 기탁했다.

그러나 공산국가 불가리아에서 스파이 혐의로 체포돼 감옥 생활을 한 후 그는 사회주의에 대한 희망을 접었다.

"현실적으로 공산주의는 결코 약한 자의 편이 아니며 가난한 자를 구원할 수도 없다는 사실을 절감했습니다. 특히 인도의 경우 부의 편중보다 절대 빈곤의 해결이 시급한 과제였고 이를 위해선 부(富)를 증진시켜야 한다고 판단했습니다."

부의 증진, 이를 위해 무르티 회장은 '목숨 바쳐' 기업을 운영하기로 결심했다.

"빵도 커야 나눠먹을 수 있듯 일단은 빵을 키워 가난을 벗어날 필요가 있다고 생각했지요. 이런 점에서 한국의 경제 발전 사례는 좋은 교훈이 됐습니다. 한국도 전쟁 후 완전 폐허 상태가 아니었습니까."

인포시스는 인도 기업 최초로 직원들에게 스톡옵션을 제공한 회사이기도 하다. 물론 무르티 회장의 결단이었다. 성공적인 나스닥 증시 상장으로 회사 내에 400여 명의 백만장자가 탄생하기도 했다. 회사 설립 초기 어려움은 어떠했을까.

"1,000달러를 가지고 시작한 회사, 어려움이야 이루 말할 수 없었지요. 그러나 그보다 더 힘들었던 것은 기업하기 어려운 인도의 환경이었습니다. 인도는 1980년대까지 비 동맹국가의 맹주로 사회주의적 통제 성향이 강했습니다. 일례로 소프트웨어 사업에 필수적인 개인용 컴퓨터(PC) 1대를 해외로부터 들여오는데 2년이나 걸렸습니다. 정부의 인허가 절차가 너무 까다로웠기 때문이지요. 지금은 많이 나아지긴 했지만, 당시는 공무원들의 관료주의(red tape)가 상상을 초월했습니다."

그러나 그는 어떠한 난관에도 굽히지 않고 기업을 운영하는 한편 자유 시장경제 체제에 대한 믿음을 전파했다. 1980년대 중반 이후 인도가 서서히 개방경제로 나간 데도 그의 역할이 적지 않았다고 한다.

직원 행복이 최우선 가치

요즘 선진 각국의 인도 IT고급 인력 쟁탈전이 치열한데 인포시스의 직원 이직률은 얼마나 될까 물었다.

"우리 회사 IT인력의 이직률은 15% 정도입니다. 벵갈루루 지역 평균인 20~25%에 비해 훨씬 낮은 수준이지요. 우리는 무엇보다 사람을 가장 소중히 생각합니다. IT 산업의 특성이 인적 자본을 중시하는 것 아닙니까. 우리는 여건이 허락하는 한 직원들을 위해 모든 것을 투자하고 있습니다. 스톡옵션 제공, 자유로운 근무환경, 여가활동 최대지원, 완벽한 복지시설 등. 회사는 사원들의 것이니까요."

직원의 행복을 최우선으로 간주하는 회사, 이것이 인포시스 성공의 경영 비결이었다. 무르티 회장은 직원이 행복해야 생산성이 높아질 수 있다고 확고히 믿는 듯했다. 7만여 평에 달하는 대규모 인포시스 사옥 단지도 바로 직원의 행복을 위해 설계된, 사옥이라기보다는 '휴먼 캠퍼스' 같다는 인상을 주기에 충분했다.

'인포시스가 추구하는 가치는 무엇이냐' 는 물음에 그는 마치 준비해두었다는 듯이 망설임 없이 대답했다.

"우리는 인도 기업들이 추구하는 구시대적 가치를 추구하지 않습니다. 최고의 국제관례와 기준, 가치를 추구합니다. 즉 우리는 인도 기업들의 관행인 정치인들과의 유착이나 권력 관계에 관심이 없습니다. 인포시스는 미국과 유럽에 있는 우리의 고객에 봉사하는 것을 가장 중요한 기업의 사명이고 최고의 가치라고 생각합니다."

사실이다. 인포시스는 지금까지 개방적이고, 공정하고, 직원들의 실력을 가장 강조하고, 원칙을 중시하는 경영을 해온 것으로 평가된다. 그래서 인도 내 비판자들은 인포시스가 미국 등 국제 금융기관들의 원칙에 굴복했다고도 말한다. 그만큼 인포시스는 인도에선 과감하고 혁신적인 글로벌 경영을 하고 있다는 말이다.

인포시스는 인도를 대표하는 IT소프트웨어 기업 중 기업가정신으로 창업한 유일한 회사다. 인도에서 내로라하는 유명한 소프트웨어 회사는 인포시스 말고도 타타컨설턴시서비스(TCS)와 위프로(Wipro Technologies) 등이 있다. TCS는 IT소프트웨어 부문 매출에서 1위이고, 위프로는 인포시스와 2~3위를 서로 다투고 있다. 그러나 TCS는 인도 최대 재벌인 타타그룹의 자회사이고, 위프로는 2세 경영인이 식용유 회사에서 소프트웨어 회사로 전환한 케이스다. 그만큼 인포시스는 글로벌하고 혁신적인 기업가 정신이 살아있다는 말이다. 무르티 회장의 말을 더 들어보자.

"우리는 20여 년 전 뭄바이에 있는 저의 작은 아파트에 모여 인포시스 창업을 논의하면서 일종의 '기업인의 사명'이란 각서를 썼습니다. 우리의 목표는 최대의 기업을 만드는 것이 아니었습니다. 그렇다고 재벌처럼 몸집을 키우는 것도 아니요, 이익금을 많이 내는 회사도 아니었습니다. 우리 모두의 창업 목표는 우리 회사 주주들로부터 존경을 받는 그런 회사를 만드는 것이었지요. 우리는 지금까지 그렇게 해왔고, 앞으로도 그럴 것입니다."

기업 이익이나 매출보다 주주로부터 존경을 받는 것을 목표로 창업하고 실제로 그렇게 기업을 경영하는 기업가들이 세상에 얼마나 될까. 앞으로 그의 포부는 무엇일까.

"인포시스는 인도에선 이미 젊은이들의 우상이 되었습니다. 인포시스를 인도뿐 아니라 세계적으로 존경 받는 회사로 키우는 것이 목표입니다. 이를 위해 우리는 알찬 성장의 지속과 함께 이익의 사회환원에도 깊은 관심을 갖고 있습니다."

그렇다. 그는 이미 정신적으로뿐만 아니라 물질적으로도 인도 사회에 대단히 큰 기여를 하고 있다. 무르티 회장은 종종 수백만 달러의 이익금을 인도공과대학(IIT) 등 교육기관과 빈민구제단체에 기부하고 있다.

그는 근면 검소한 사람으로 정평이 나 있다. 엄청난 성공에도 불구하고 그는 아직도 아침 7시에 출근해 밤 9시까지 하루 14시간을 일한다. 그럼에도 불구하고 그의 연봉은 수만 달러에 불과하다. 또 해외여행 시에도 그는 언제나 이코노미석을 이용하고 현재 살고 있는 집도 20년 전 궁핍하게 살던 바로 그 집이다.

나라야나 무르티 회장 약력

1946년 카르나타카주에서 태어남. 1967년 인도 마이소르대학 전기공학과 졸업. 1969년 명문 인도공과대학(IIT) 테크놀로지학과 졸업 (기술석사). 1970년대 사회주의운동과 더불어 여러 회사에서 근무. 1981년 동료 6명과 함께 인포시스 설립. 1992~1994 인도소프트웨어기업협회 대표. 2006년 8월 정년 퇴임. 현재 인포시스 명예회장 겸 '멘토(고문)'.
*비즈니스위크가 선정한 '올해의 비즈니스맨' 등 무수한 수상경력이 있음

인포시스 연혁

1981년 인도 벵갈루루에 설립. 1987년 미국에 최초 해외사무소 설립. 1993년 인도에서 기업공개 ISO9001인증 획득. 1996년 영국에 유럽본사 설립. 1999년 미국 나스닥 상장-시장가치 240억 달러 기록. 'SEI CMM 5' 레벨 획득. 독일 스웨덴 벨기에 호주 등에 사무소 개설. 2004년 매출 10억 달러 돌파. 2006년 매출 20억 달러 돌파.

　마지막으로 이 같은 생활에 가족(부인과 두 아들)이 불만스러워 하지 않느냐고 물었더니 그는 "전혀 그렇지 않아요. 오히려 이런 남편, 이런 아빠를 존경한다나요"라며 껄껄 웃는다.

　비록 극빈의 나라지만 인도는 이런 훌륭한 기업인이 있어 행복하다. 가족이, 인도 국민이 그를 존경하는 것은 너무도 당연하다는 느낌과 더불어, 우리 자신을 돌아본 후 생긴 부끄러움과 부러움이 뒤섞인 묘한 감정이 인터뷰를 마친 후에도 오래도록 마음 한 구석을 떠나지 않는다.

　무르티 회장은 2006년 8월 회장직에서 물러났다. 60세로 정년이 되었기 때문이다. 기업 오너가 정년이 돼 은퇴한다는 것은 인도에선 매우 희귀한 일이다. 인도 기업들은 대부분 가족 경영 위주로 하고 있어 죽을 때까지 최고 경영자의 자리에 머물거나, 자식 등에게 물려준다고 해도 뒤에서 경영권에 영향력을 행사하는 것이 일반적인 관행이다.

　그렇다고 무르티 회장이 아주 은퇴한 것은 아니다. 한 달에 한 번 정도는 회사에 나와 회사의 '수석 멘토(스승)'로서 인포시스 경영진에게 교육할 계획이다.

　그는 로이터 통신과의 은퇴 인터뷰에서 지난 25년 동안 하루 24시간 쉬지 않고 혼신의 힘을 기울여 일궈온 회사에서 비켜선다는 것이 쉽지 않다며 퇴임의 아쉬움을 표시했다.

20대 여직원이 3억대 스톡옵션

"인포시스 회사 주식을 몇 주나 갖고 있나요"

삼성전자 인도 지역전문가인 김현수 차장이 사내 안내를 맡은 인포시스테크놀로지 미디어 담당 여직원에게 농담 삼아 물었다. 20대 중반쯤으로 보이는 수잔이란 이름의 그 여직원은 별 대수롭지 않게 대답했다.

"얼마되지 않아요. 약 1,600주 정도 돼요."

1,600주란 대답에 손가락을 꼽아보며 계산을 해보던 김 차장은 깜짝 놀라 걸음을 멈추고 황당해 했다. 김 차장이 놀라는 것도 당연했다. 이 회사 주식 값이 주당 180달러(2000년 8월 기준)쯤 하므로 우리 돈으로 3억 3,000만 원(29만 달러)에 달하는 거액이었다. 이는 우리나라의 기준으로 보아도 큰 돈이지만 연간 개인당 국민소득 (GDP)이 600달러에 불과한 인도인에게는 가히 천문학적인 액수이다.

그런 큰 재산을 입사한지 얼마 안 된 20대 중반 여직원이 소유하고 있다는 사실은 인포시스를 방문한 우리 일행 모두에게 충격을 주기에 충분했다. 그러나 이 여직원의 사례는 인포시스에선 별난 것이 아니다. 직원 다수가 스톡옵션을 받아 백만장자만도 수백 명에 이르기 때문이다.

그 여직원은 인포시스에 10여 년째 근무하는 몇몇 운전기사도 수억 원대의 스톡옵션을 보유하고 있다고 했다. 비록 자동차를 운전하지만 인도 기준으로 볼 때 대단한 거부인 셈이다. 이 모두 직원들을 백만장자로 만든다는 인포시스 창업자들의 창업 목표에 따른 것이다.

비용 저렴하고 의료 수준 높아

2006년 65세인 영국인 케이드 보우만씨. 그는 담석 제거와 엉덩이 교체 수술을 받으러 인도 남부 도시인 첸나이에 있는 아폴로병원에 왔다.

당초 그는 영국국립병원(NHS)에서 엉덩이 교체 수술을 받으려 했다. 그러나 병원 측은 수술을 받는데 10개월을 기다려야 한다고 했다. 10개월을 고통스럽게 기다린 후 수술을 받을 때가 되자 병원 측은 다시 2개월을 더 기다려 달라고 했다. 화가 나 있던 그에게 친구가 "인도에 가서 수술을 받아보지 그러냐"고 권했다. 인도에선 오래 기다릴 필요 없이 싼 값으로 치료를 받을 수 있다고 했다. 그 말을 들은 보우만씨는 인터넷을 검색해 본 후 바로 인도 아폴로 병원으로 날아왔다.

수술은 성공적이었고, 그는 인도에서의 수술비용과 의료서비스 품질에 대단히 만족스러워 하고 있다. 이 수술을 영국에서 한다면 약 2만 달러의 돈이 든다. 그러나 인도에선 3주 입원비와 항공료를 포함해 그 절반인 1만 500달러 밖에 들지 않았다. 회복이 되면 인도 남부의 아름다운 바닷가에서 2주 정도 관광 겸 쉬고 갈 예정이다.

스페인 바르셀로나에서 심장병 치료를 위해 뉴델리 아폴로병원에 온 안드레아 솔라리씨(55). 그도 비슷한 사정으로 스페인에서 치료를 받지 않고 인도에 왔다. 그는 인도에서의 심장병 치료비용이 스페인에 비해 3분의 1에 불과하다고 말했다. 특히 그는 치료지로 인도를 선택한 이유로 인도에 한 번도 와본 적이 없어 치료 후 관광을 즐기기 위해서라고 강조했다. 그는 한 달 정도의 시간을 내 북쪽 히말라야 계곡을 찾아 휴식을 가질 계획이라고 했다.

인도가 정보기술(IT)뿐 아니라 의료관광의 나라로 뜨고 있다. 저렴한 비용으로 수준 높은 의료 서비스를 받을 수 있을 뿐만 아니라 수술을 받기 위해 선진국에서처럼 장기간 기다릴 필요가 없는 등 경쟁력을 갖고 있기 때문이다. 수술을 포함한 의료 비용이 선진국에 비해 절반 정도에서 10분의 1정도까지 저렴하다. 미국에서 25만 달러 하는 골수이식 수술이 3만 달러면 가능하고, 4,000달러가 드는 라식 수술도 불과 700달러면 할 수 있다고 한다. 또 미국에서 3만 달러 소요되는 심장수술은 인도에서 7,000 달러면 가능하고, 미국에서 2만

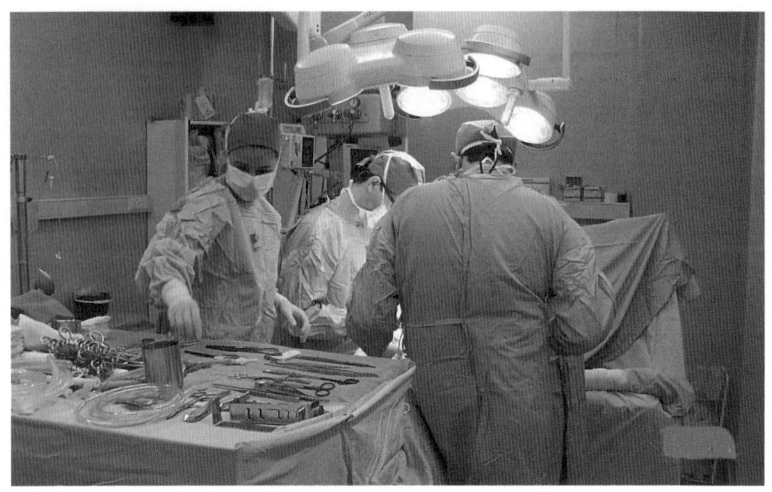

뉴델리 아폴로병원 의사들의 시술장면. 최근 인도는 IT뿐만 아니라 의료관광의 허브로도 뜨고 있다.

달러가 드는 성형수술도 인도에선 10분의 1가격인 2,000달러면 가능하다고 한다. 의사들은 대부분 영어를 유창하게 구사해 의사소통에 문제가 없을뿐더러 치료 후엔 관광도 즐길 수 있어 인기다.

의사들의 서비스도 좋다. 의사들은 대개 환자나 그 가족에게 휴대전화 번호나 이메일 주소를 알려줘 언제든 상담에 응한다고 한다. 병원들은 외국인 환자가 편하게 머물다 갈 수 있도록 다양한 서비스를 제공하고 있다.

이들 병원에는 대개 외국인 환자들을 돌보기 위한 특별한 부서가 있다. 이들 부서는 공항으로의 환자 마중과 치료를 마치고 떠날 때 데려다 주는 일, 함께 온 가족들의 숙소 예약 등 외국인 환자들이 필요한 모든 서비스를 제공하고 있다.

여기에다 요가나 명상, 마사지, 인도가 자랑하는 전통 의학인 아유르베다 등도 접할 수 있어 환자들의 발길을 끌고 있다.

선진국 수준 의료시설 속속 등장

선진국 못지않은 의료 시설을 갖춘 병원들도 속속 등장하고 있다. 뉴델리의 아폴로병원이나 뭄바이 워크하트병원 등은 국제병원평가위원회(JCI)로부터 우수병원으로 인가를 받은 병원이다. 아폴로병원은 아시아 전역에 42곳 8,000여 개 병상을 갖고 있는 초대형 병원재단이다. 전문의 1,800여 명 등 의사 3,800여 명, 간호사 7,800명, 3만여 명의 직원 수를 자랑하는 아폴로병원은 인도 메디컬 투어를 선도하고 있다.

아폴로병원의 설립자인 프라탑 레디 박사는 인도는 첨단의 의료시설과 세계적인 수준의 의사들을 많이 보유하고 있다며 "이처럼 품질 좋은 서비스를 값싸게 받을 수 있는 것이 인도 의료 투어의 최대 강점"이라고 강조했다.

그는 "아폴로 병원은 최첨단의 의료시설에다 초특급 호텔 같은 편안하고 완전무결한 서비스를 제공하는 것을 목표로 하고 있다"면서 "환자를 최고로 여기는 인도 전통 의학인 아유르베다 정신으로 환자들이 스스로 회복할 수 있도록 돕는 의료서비스를 하고 있다"고 말했다.

인도 의료서비스 분야는 불임수술, 신경외과, 골수 등 각종 장기

이식에서 심장병과 항암 수술 등에 이르기까지 매우 다양하다. 위험성 등을 이유로 선진국에선 꺼리는 수술이나 보험혜택을 받을 수 없는 성형수술, 뱃살흡입수술 등 분야도 인기다.

미국 시사 주간지 〈뉴스위크〉는 특히 최근엔 미국 불임 부부들이 보다 적은 비용으로 인공수정과 대리모 출산을 하기 위해 대거 인도로 향하고 있다고 전했다. 인도에서의 불임 치료비용이 미국에 비해 훨씬 싸기 때문이다. 체외인공수정을 하려면 미국에선 약 2만 달러가 들지만 인도에서는 그 10분의 1인 2,000달러면 충분하다.

또 미국에선 대리모 구하기가 쉽지 않지만 인도에선 돈을 받고 합법적으로 대리 출산을 해준다. 인도 대리모의 외관이 서양인에 가깝다는 점도 한 요인이다. 게다가 수정 성공 확률도 높다. 인도에선 한 번에 최대 6개의 수정란을 착상하기 때문에 훨씬 적은 수정란을 사용하는 미국에 비해 성공 확률이 높다는 것이다.

이에 따라 인도를 찾는 외국인 환자도 해마다 크게 늘고 있다. 2005년에만 약 20만 명의 외국인이 치료를 받기 위해 인도를 찾았다. 매년 평균 15% 정도의 증가율이다. 그 결과 인도가 벌어들이는 의료 수입도 상당하다. 세계적 컨설팅 회사인 맥킨지와 인도산업협회(CII)에 따르면 인도는 2012년까지 의료관광산업으로 한해 22억 달러(2조 2,000억 원)에 달하는 돈을 벌어들일 것이라고 예상한다. 의료산업이 IT산업에 이어 인도의 주요 외화벌이 산업으로 급성장하고 있는 것. 인도 정부도 의료산업 발전을 위해 민간병원들에 세금공

제와 부지 제공 등 적극 지원하고 있다.

인도가 외국인들을 위한 의료관광국으로 부상하고 있지만 정작 인도 국민들은 의료서비스 부족에 시달리고 있다. 인도 의사 수는 2006년 현재 10만 명당 53명에 불과하다. 이는 미국의 280명에 비해 5분의 1도 안 되는 숫자다. 이로 인해 인도 정부가 공공의료에는 무관심한 채 외화벌이에만 예산을 쏟아 붇고 있다는 비판을 받고 있다.

이와 관련, 〈뉴욕타임스〉는 인도에서는 결핵 등으로 인해 한 해 50만 명 이상이 목숨을 잃는 등 의료 수준이 뒤 처져 있다면서 돈이 없는 인도 국민들은 병원 문턱에도 가지 못하는 사람들이 태반이지만 외국인들은 첨단 의료시설에서 최고의 의료서비스를 받고 있다고 비판하기도 했다.

(단위: 미국 달러)

인도와 미국 병원 치료 비용 비교		
병명	치료비(인도)	치료비(미국)
심장절개수술	4,500	18,000
심장수술	7,000	30,000
중풍	4,300	8,600
고관절교환수술	4,300	13,000
하수체종양	2,100	6,500
정형외과수술	4,000	30,000
신장이식수술	8,000	80,000
성형수술	2,000	20,000

자료 : 인도관광청

인도 전통 의술 아유르베다

예로부터 세계 의학은 삼분되어 왔다. 히포크라테스를 출발점으로 한 서양의학과 중국과 한국, 일본의 민간 전통의학으로 대표되는 한의학, 그리고 인도, 스리랑카, 파키스탄 등지에서 행해지고 있는 아유르베다가 그것이다. 인도의 전통 민속 의학인 아유르베다는 5,000년의 역사를 가진 세계에서 가장 오래된 의학이다. 서양의학이나 중국의 한의학도 모두 이 아유르베다의 영향을 받은 것으로 전해온다.

산스크리트 어인 아유르베다(Ayuveda)는 '생명'을 뜻하는 '아유르(Ayur)'와 '지식'을 의미하는 '베다(Veda)'가 합쳐져 이루어진 말이다. 즉 아유르베다는 '생명과학'으로 수천 년간 인도인들의 일상에서 활용되어 온 의학체계다.

중국 한의학이 '사상의학'으로 인간의 체질을 4가지로 나눈다면 인도 아유르베다는 '트리도샤(Tridosha)'에 바탕해 바타(Vata, 風), 피타(Pita, 熱), 카파(Kapha, 冷)의 3기질로 분류한다. 트리도샤에 근거를 둔 체질 분석은 몸의 성향과 문제의 종류를 파악하기 위한 근원적 출발점이다. 같은 질병이라도 상대적으로 그 체질에 따라 치료법이 다를 수밖에 없다.

트리도샤는 그 사람의 육체적 특징, 대사 기능, 감정 상태, 생활 습관 등을 좌우한다. 인간의 기본 체질이 신체기능의 모든 면을 지배하므로 이들 3가지가 서로 균형과 조화를 이루어야만 건강이 유지된다고 본다. 질병을 다스리는 아유르베다의 치료 원리는 생활태도와 습관을 고친다거나 개인적 성향과 체질을 보고 진단과 처방을 한다는 점이다. 식품, 허브, 내부 장기 세척법, 천연약재, 요가, 명상 훈련 등이 주된 치료법이다.

마사지는 아유르베다 치료법 중 가장 잘 알려져 있다. 개개인의 체질을 분석하여 전통 약초 추출 방식에 따른 체질별 오일을 이용하여 손 마사지를 한다. 아유르베다 마사지는 쇠약해져 면역력이 저하되는 현대인들을 위해 호흡을 정상화시키고 관절과 근육을 부드럽고 탄력있게 만들어 주는 것으로 알려져 있다.

아유르베다 치료법은 한마디로 자신의 행동과 예지로써 질병을 예방하고, 자연과 인체와의 관계에 균형을 유지해 그 속에 내재해 있는 기능성을 최대한 활용함으로써 질병 없이 오래도록 건강한 삶을 유지하자는 건강법이라고 할 수 있다.

02

질주하는 인도

IT, BT 등 지식산업 성장모델 채택

2005년 말 5년 만에 인도 행 비행기에 다시 올랐다. 지난 2000년 급부상하던 인도 정보기술(IT)산업을 국내 언론으로선 최초로 기획 취재해 보도한 바 있는 필자는 이후 5년 만에 인도에 다시 가는 기분이 남달랐다.

'인도의 실리콘 밸리' 라는 벵갈루루는 지난 5년간 어떻게 변했을까. 또 인도 IT산업은 현재 어떤 모습을 하고 있고, 인도는 과연 일부의 예상대로 세계 경제 초강국으로 부상할 수 있을까. 이런 생각을 하느라 아홉 시간의 비행이 전혀 지루하지 않았다.

이번 취재는 IT뿐만 아니라 인도 경제 성장 전반에 관한 것이다. 그간 인도 경제가 뜨고 있다는 소식은 부분적이고 간헐적으로 국내

에 전해졌다. 이번 취재의 목적은 과연 인도 경제가 정말 뜨고 있는
지, 그렇다면 어느 부문에서 어떤 발전과 변화가 이뤄지고 있는지를
심층 보도하는 것이다.

마침내 인도 최대 도시 뭄바이(옛 봄베이)에 내리자 익숙한 시내의
모습이 한눈에 들어왔다. 그러나 뭄바이는 예전의 뭄바이가 아니었
다. 5년 전 뭄바이는 도처에 빈민굴(슬럼)이 즐비한 극빈의 도시였
다. 슬럼이 너무 방대해 뭄바이 도시 전체가 빈민굴을 연상시킬 정도
였다.

하지만 도시 어디를 가나 흔히 볼 수 있던 슬럼을 찾기가 쉽지 않
았다. 아주 사라진 것은 아니지만 5년 전에 비해 눈에 띄게 대폭 감
소한 것은 분명했다. 많은 슬럼들은 해체되고 빈민들은 정부 제공 소
형아파트에 입주해 도시가 매우 깨끗해졌다.

윤효춘 KOTRA 뭄바이 무역관장은 "최근 많은 슬럼이 해체되고
빈민들은 정부 제공 소형아파트에 입주해 도시가 매우 깨끗해졌다"
고 설명했다.

또 뉴델리 뭄바이 벵갈루루 등 대도시 어디를 가나 초고층 빌딩 건
축이 한창이다. 도로는 늘어난 차량들로 홍수를 이루고 있고, 호텔은
몰려드는 외국 사람들로 초만 원이다.

KOTRA 뉴델리 무역관의 김승호 차장은 "인도 호텔비는 지난 1년
간 2배 이상 올랐지만, 그 값에도 호텔방을 구하기가 쉽지 않다"고
전했다.

뉴델리 인근 신도시인 구르가온에 자리잡은 한 최신 쇼핑몰. 현대 소나타를 선전하는 대형 광고가 인상적이다.

최신식 쇼핑몰 건설 붐

문명과 단절된 것 같던 수도 뉴델리엔 2005년 말 지하철이 개통됐고, 그 동안 인도에선 볼 수 없었던 현대식 쇼핑몰들이 곳곳에서 화려한 자태를 뽐내고 있다. 그만큼 인도인들의 소득이 크게 늘어나 소비형태가 변하고 있다는 방증이다.

'인도 경제성장의 엔진'인 IT산업의 발전은 놀랍고 눈부시다. IT산업은 이제 벵갈루루뿐 만 아니라 전국토로 빠른 속도로 팽창하고 있다. 외형뿐 아니다. IT서비스의 질이 과거와는 달리 고도의 기술과 지식을 요하는 최첨단 수준으로 진화하고 있다.

더욱 놀라운 사실은 사람들의 자신감이다. 만나는 인도 사람 누구나 인도의 장래에 대해 낙관하고 자신한다. 인도 어디를 가나 발전의 활력과 힘이 넘쳐 난다.

뉴델리서 벵갈루루로 가는 비행기에서 만난 금융인 샨티라주 씨는 "인도가 21세기 슈퍼파워가 될 것임은 대부분의 인도인이 공감하는 사실"이라고 강조했다. 이런 분위기라면 '21세기 세계 최강국가' 란 인도의 목표가 헛된 꿈이 아니겠다 싶다.

'잠자던 코끼리의 나라' 인도가 깨어나 힘차게 질주하고 있다. 세계 최강 국가란 목표를 향해서다. 인도의 부상(浮上)은 이제 인도인들의 단순한 희망사항이 아니라 현실이다. '세계의 공장' 인 중국에 가려 빛을 보지 못하던 인도가 최근 중국 투자 매력이 저하되면서 급속히 주목 받고 있다.

카말 나스 인도 통상산업장관은 "최근 중국은 과잉투자 우려가 나오고 있다"며 "인도는 중국을 대체할 확실한 대안"이라고 자신했다.

인도 대표 증시인 뭄바이 선셋 지수는 2005년 초 6,100에서 2006년 11월 중순 현재 1만 3,500대로 2년이 채 안되는 사이에 120% 이상 급등했다. 인도 경제 미래를 낙관하는 외국인 투자자들이 인도 증시 상승 주역이다.

인도 경제는 2005년 8.1% 고속 성장했다. 2004년 8.5% 성장에 이어 2년 연속 8%가 넘는 고성장을 달성했다. 향후 수년간도 연평균 8%이상 높은 성장을 예상하고 있다. 주요 국가 중 중국에 이어 세계에서 2번째로 높은 성장률이다. 스탠더드 앤드 푸어스(S&P)와 피치 등 국제신용평가회사도 인도 신용등급을 연속 상향 조정하고 있다.

눈에 잘 띄지 않는 지식산업 발전 모델

인도는 소프트웨어 산업과 해외(Offshore) 아웃소싱의 천국으로 통한다. 그러나 인도를 이 정도로 규정하면 큰 오산이다. 인도는 지금 단순 소프트웨어 산업을 넘어 고부가가치 IT산업의 허브로 발전하고 있고, 생명공학(BT)과 연구개발(R&D) 등 세계 혁신(innovation)센터로 급부상하고 있다.

주목할 점은 인도의 성장 방식이다. 중국은 제조업을 중심으로 한 전통적인 '굴뚝산업' 성장 모델이다. 그래서 대규모 공장이 세워지고 수많은 초고층 빌딩이 들어서는 등 눈에 잘 띈다. 그러나 인도의 성장은 눈에 잘 띄지 않는다. IT, BT, R&D 등 눈에 잘 보이지 않는 지식산업, 두뇌산업 성장 모델을 채택하고 있기 때문이다.

여기에 최근 인도는 제조업 강화를 천명하고 나섰다. 중국식 경제특구 개발로 하드웨어와 전통산업 부문에서도 선진국으로 도약하겠다는 야심이다. 한 손엔 두뇌산업이란 칼을, 다른 손엔 굴뚝산업이란 창을 들고 인도는 미국 중국과 어깨를 나란히 하는 21세기 슈퍼파워를 꿈꾸고 있다.

이 같은 자신감을 바탕으로 인도는 외교적으로도 미국, 중국 등과 어깨를 나란히 하는 패기 있는 외교를 펼치고 있다. 21세기 슈퍼파워가 되겠다는 인도의 꿈은 몽상이 아니다. 이미 그 꿈은 강력한 실행 단계에 접어들고 있다.

세계 최고수준의 IT산업은 인도 경제성장을 위해 달궈진 불덩이다. IT산업에 벌겋게 달궈진 성장의 불덩이가 이제 금융, 부동산, 제조업, 서비스업 등 전 산업으로 옮겨 붙고 있다.

이에 따라 각 분야에서 일자리가 늘고 소득이 높아져 구매력이 크게 늘었다. 늘어난 구매력은 소비와 투자를 부추겨 다시 소득과 일자리를 늘리는 경제 선순환을 만들고 있다.

오석하 삼성전자 인도 법인장은 "구매력을 갖춘 인도 중산층이 2억 5,000만~3억 명에 달한다"며 "이들 중산층이 소비와 성장을 이끄는 주역"이라고 말했다.

중국 대체할 시장으로 급부상

한반도 면적의 15배나 되는 광활한 영토에 인구 역시 남북한 전체의 약 15배인 11억 거대 인구를 가진 나라 인도. 그러나 인도는 매우 젊은 나라다. 11억 인구의 절반이 넘는 6억 명이 25세 이하의 젊은이다. 노동인구의 비중이 갈수록 증가할 것이라는 얘기다.

이에 비해 미국이나 중국의 노동인구는 크게 감소할 예정이어서 인도는 머지않아 세계 최대의 노동력과 소비시장으로 떠오를 전망이다.

이에 따라 인도가 중국을 대체할 새로운 시장으로 급부상하고 있다. 중국은 현재 과잉투자, 원자재값 상승, 위안화 절상 등으로 어려움을 겪고 있다. 반면 인도는 중국보다 싼 노동력, 고부가가치 기술력, 영어 사용 국가란 투자요건 3박자를 고루 갖추고 있다.

카말 나스 인도 통상산업장관은 인터뷰에서 인도가 중국보다 나은 투자환경으로 선진화된 증시와 시장 중심적 경제체제를 들고 민주적 정부, 서구적 회계시스템, 우수한 수학과 컴퓨터 교육 인재, 영어 사용 등이란 측면에서 인도는 중국보다 훨씬 유리한 투자 지역이라고 강조했다.

몇 년 전까지만 해도 '긴가민가' 하던 외국 기업들이 이제 본격적으로 인도 진출을 시작했다. 인도에 무한한 기회가 있다고 판단한 기업들이 정보기술(IT)에서 의약품, 자동차, 휴대폰, 철강, 섬유, 건설, 도매업, 디자인 엔지니어링에 이르기까지 인도 진출 러시를 이루고 있다.

세계적 컨설팅사인 맥킨지는 2005년 한 해 동안 대규모 투자 논의를 위해 인도를 방문한 포천 500대 기업 경영진 수가 2004년에 비해 3배나 늘었다고 밝혔다. 다른 컨설팅사인 AT커니도 최근 중국 다음으로 향후 외국인 직접투자(FDI)가 가장 많이 몰릴 나라로 인도를 지목했다.

만모한 싱 총리는 2005년 외국인직접투자(FDI)가 90억 달러 들어왔는데 2006년에는 150억 달러를 목표로 하고 있다고 말했다. 인도는 오는 2010년까지 FDI를 최소 500억 달러로 확대할 계획이다.

인도 정부는 FDI가 이처럼 빠른 속도로 늘면 경제 성장도 가속도가 붙을 것으로 기대한다. 싱 총리는 향후 2~3년 안에 인도 경제성장률을 9~10%로 끌어올릴 것이라고 밝혔다. 골드만삭스 등 많은 경제 전문기관도 인도 잠재성장률이 2010년께 중국을 추월해 8% 이상 높은 수준을 기록할 것으로 전망하고 있다.

인도 투자와 관련해 맥킨지는 지금 진출하지 않으면 늦을 것이라며 인도 진출이 3년만 늦어지면 진입 비용은 10배로 늘어날 것이라고 강조했다.

다행히도 인도의 가능성을 간파한 LG전자 삼성전자 현대자동차 등 한국 대기업은 일찍부터 인도에 진출했다. 이들은 일본, 미국, 유럽 등 세계 각국의 기라성 같은 기업을 물리치고 현재 인도에 확실히 자리를 잡았다. 또 포스코는 2005년 인도 오리사주에 1,200만 톤급의 일관 제철소를 세우기로 양해각서를 체결했으며, 삼성전자도 가전과 반도체 부문에 이어 휴대폰 공장을 세우기로 했다.

그러나 인도의 성장 전망이 마냥 장밋빛인 것은 아니다. 가장 큰 걸림돌은 열악한 인프라스트럭처(사회기반시설)다. 경제성장에 필요한 인도의 도로, 항만, 공항, 전기 등 인프라는 매우 부족하다. 꽉 막힌 도로 위에서 1시간 이상 차 안에 갇혀 있다 보면 '이런 나라가 어떻게 경제 강국이 될 수 있나' 라는 회의감이 절로 인다.

열악한 인프라와 관련해 김광로 LG전자 인도 법인장은 그것이 오히려 기회라고 말한다. 그는 투자하기 편하고 손쉬운 곳에선 기회가 없다며 상황이 어렵기에 선진국 기업들이 적극적 투자를 기피했고 그것이 우리에게 좋은 기회가 됐다고 강조했다.

21세기 주인은 인도 – 골드만삭스 보고서

지난 2003년 11월 세계적 컨설팅회사인 골드만삭스는 충격적인 보고서를 발표했다. 〈브릭스와 함께 꿈을: 2050년을 향한 길(Dreaming with BRICs: The Path to 2050)〉이란 이 보고서는 21세기가 브릭스의 세기가 될 것임을 예견하고 있다.

1인당 국민소득 50년간 35배 급증할 것

브릭스(BRICs)란 브라질, 러시아, 인도, 중국의 앞 글자를 딴 약어(略語)로 영토가 넓고 자원과 인구가 많은 이들 국가가 세계를 이끄는 주도국이 될 것이란 주장이다.

아니, 그게 무슨 말인가. 세계 초강국인 미국이 버티고 있고, 일본과 유럽도 만만치 않은데 브라질이나 러시아, 중국, 인도 같은 후진국이 세계경제를 지배할 것이라니 믿기지 않는다.

그러나 보고서는 브라질이 향후 50년 동안 연평균 3.6%씩 성장하고 1인당 국민소득은 50년 안에 5배 이상 증가할 것이라고 예상했다. 중국과 인도, 러시아에 대한 전망은 더욱 밝다. 러시아는 한동안 브라질보다 더 빠른 속도로 성장하고, 중국은 연 8% 수준의 고성장을 지속한다.

특히 인도에 대한 전망은 네 국가 중 가장 놀랍다. 매년 5~6%의 평균 성장률이 향후 50년간 지속될 것이라고 했다(현재 인도는 연평

균 8%대의 성장률을 보이고 있다). 그럴 경우 인도 1인당 국민소득
은 현재의 35배로 늘어난다. 놀라움을 금할 수 없다.

수치만 보면 이 보고서가 말하는 바를 그다지 실감하지 못할 수도
있다. 이들 수치가 무엇을 뜻하는지 브릭스의 미래를 요즘 선진국으
로 통하는 다른 국가들과 비교해 보도록 하자. 브라질이 앞으로 50년
간 연평균 3.6%씩 성장한다면 2025년이면 이탈리아 경제를 추월하
고, 2031년에는 프랑스를 앞지른다는 것을 의미한다. 러시아는 2027
년에 영국, 2028년에 독일을 추월한다. 따라서 현재 세계 6대 경제
대국으로 꼽히는 나라 중 21세기 중반에 가면 그 반열에 남아 있을
나라는 미국과 일본 밖에 없게 된다.

그러나 세계 최대 경제강국인 미국은 그 지위를 중국(35조~45조
달러)에 넘겨줄 것이고, 그 바로 뒤를 인도(27조 달러)가 바짝 추격
할 것이다.

'친디아(중국 + 인도)'의 시대 도래 확실

이처럼 충격적인 내용을 발표해 세간의 화제를 모았던 골드만삭스
는 이듬해인 2004년 4월 브릭스에 대한 새로운 보고서를 발표한다.
보고서 이름은 〈브릭스의 잠재력을 실현하는 인도(India: Realising
BRICs Potential)〉. 제1차 보고서와는 달리 제2차 브릭스 보고서는
주로 인도에 포커스를 맞추고 있다.

보고서는 "인도의 잠재력이 과소평가된 측면이 있다"면서 "인도는

2030년이 되면 미국과 중국 다음 가는 세계 제3위 경제대국으로 성장할 것"이라고 수정 전망했다. 2040년은 되어야 세계 제3위 경제대국에 진입할 것이라던 당초 추정치를 10년이나 앞당긴 것이다.

보고서는 또 "인도 인구가 2034년 중국을 추월해 세계최대 인구보유국이 될 것"이라면서 1인당 국민소득은 2050년도가 되면 현재보다 35배 정도 늘어날 것이라고 전망했다.

보고서는 인도의 경제성장은 여타 아시아 국가와 달리 정보기술(IT) 등 서비스산업이 주도하고 있다면서 인도가 상품 수출에만 의존하지 않기 때문에 1990년대 말 아시아 국가들이 겪었던 금융위기 같은 위기를 피해갈 수 있을 것이라고 예상했다.

보고서 내용에 대해 처음에는 많은 사람들이 반신반의했다. 그러나 요즘은 대체로 이를 믿는 분위기다. 2006년 6월 독일에서 나온 여론조사도 이를 확인시켜주고 있다.

독일의 출판, 미디어 그룹인 베르텔스만의 베텔스만 재단이 주요국 시민 1만 여 명을 상대로 설문조사한 바에 따르면 응답자의 57%가 오는 2020년이 되면 미국과 중국, 인도가 세계 지도국의 위치를 차지할 것이라고 답했다.

'21세기 월드파워' 라는 제목의 이번 조사에서 미국, 영국, 독일, 프랑스, 일본 등 5개국은 향후 15년간 영향력이 크게 감소할 것으로 나타났다. 향후 20년 이내에 친디아(중국 + 인도)의 세계가 올 것이라는 데 많은 사람들이 의문을 달고 있지 않은 것이다.

美 MBA졸업생들 'Go to India'

스탠퍼드대 경영대학원 1학년에 재학 중인 리샤 본드(26). 미국 중서부 출신인 그녀는 인도에 가본 적도 없고 인도에 대해 특별히 아는 것도 없지만 여름 방학에 인도의 유명 에너지 회사에서 생명공학 관련 인턴십을 하길 원한다. 왜냐하면 인도에서 일한 경험이 졸업 후 자신에게 경제적으로 큰 보상을 줄 것으로 믿기 때문이다.

〈월스트리트 저널〉에 따르면 최근 미국 MBA(경영대학원 석사) 학생들이 직업을 구하거나 인턴십을 위해 동양으로, 아시아로 몰리고 있다. 이는 몇 년 전 정보기술(IT) 분야가 호황일 때 MBA 전공자들이 실리콘밸리가 있는 미국 서부로 몰리던 것과 다른 현상이라고 이 신문은 전했다.

미국 MBA 전공자들이 아시아 지역에서 일자리를 찾고자 하는 것은 중국과 인도 등이 높은 경제 성장을 하면서 이들을 유혹하기 때문이다.

아시아가 세계 경제의 성장 축이 되면서 미국 회사들은 중국을 비롯한 아시아 국가에서 정식으로 근무한 적이 있거나 인턴십 근무 경력이 있는 사람을 적극 찾고 있다.

〈월스트리트저널〉은 '아시아 근무 경험이 있는 사람이 많은 돈을 받고 채용되고 채용 후에도 회사에서 고속 승진을 한다' 면서 이것이 미국 MBA 전공자들이 아시아로 몰리는 이유라고 전했다.

이를 반영해 2006년 2월 하버드대와 컬럼비아대, 펜실베이니아대를 비롯한 7개 유명 대학 경영대학원이 주최한 국제직업박람회에는 아시아 지역 관련 일자리가 48개나 선보였고 337명의 지원자가 몰려 성황을 이뤘다.

이는 2005년 26개의 일자리에 212명이 지원한 것보다 크게 늘어난 것이다. 하지만 이들 회사에 실제로 취직하기는 쉽지 않다고 신문은 밝혔다.

영어를 사용하는 인도를 제외하곤 현지 언어장벽이 커다란 걸림돌인 데다 이들은 아시아 현지 MBA 졸업자나 아시아 출신 미국 MBA 졸업자들과 치열한 경쟁을 해야 하기 때문이다.

IT 이어 제조업도 세계 허브 야망

"인도가 꿈틀대는 모습을 보고 싶다면 노이다(NOIDA)에 가보라."

취재할 주요 산업단지를 추천해달라는 말에 기세명 KOTRA 뉴델리 무역관장은 뉴델리 인근에 있는 노이다를 선뜻 추천했다.

그러나 노이다로 향하면서도 특별한 기대를 갖지는 않았다. '후진국' 인도의 산업단지라고 해봐야 과거 우리의 구로공단보다도 못할 것이라고 생각했다. 인도의 많은 지역이 그렇듯이 도로도 부실하고 전기나 물 등도 제대로 공급되지 않을 것임이 분명했다.

이런 예상은 뉴델리를 벗어나 노이다로 향하는 고속도로에 들어서면서 빗나가기 시작했다. 왕복 6차선의 타지(Taj) 고속도로는 인도의

선진국 어떤 도시 못지않게 잘 개발되어 있는 뉴델리 인근 그레이트 노이다 시내 전경. 인도 정부가 제조업을 발전시키기 위해 역점을 두고 있는 46개 중국식 경제특구 중 대표적인 곳이다.

것이라고 믿을 수 없을 정도로 최신식으로 잘 닦여 있다.

드넓은 평야에 죽 뻗어 있는 고속도로 주변에는 곳곳에 대규모 아파트나 빌딩 건축이 한창이다. 자동차들도 시속 100여 킬로미터 이상으로 시원하게 달린다. 고속도로라고 이름 붙은 다른 곳의 시속이 잘해야 50~60킬로미터에 불과한 것에 비하면 이곳은 정말 인도가 아닌 것 같다.

노이다 시내에 접어들자 마치 서구 신도시에 들어선 듯하다. 도로는 넓고 깨끗하며 가로변은 야자수와 푸른 잔디로 잘 단장돼 있다. 주거단지와 건물들도 아름답고 깨끗하다. 조금 더 가니 18홀의 골프장이 나오는데, 전설적 골퍼인 그레그 노먼이 설계한 곳이라고 한다. 선진국 휴양지나 리조트 단지 같은 이곳이 정말 산업단지일까란 의

심까지 든다.

2만 헥타르(약 6,000만 평)의 부지에 조성된 이 도시에는 일반 제조업뿐 아니라 정보기술(IT), 의학 및 생명공학(BT) 기업들이 산업별로 입주해 대규모 산업단지를 형성하고 있다. 인도 최고의 가전 브랜드인 LG전자와 삼성전자를 비롯해 펩시콜라, 세계 최대 자동차 부품업체인 델파이, 야마하오토바이, 혼다자동차, 포드트랙터 등 유명 기업도 줄지어 입주해 있다.

LG전자 관계자는 이곳에는 인도에선 흔한 전력난도 용수난도 없다며 산업 활동을 위한 세계적 수준의 인프라스트럭처를 갖추고 있다고 강조했다.

중국식 경제특구 46개 건설

인도가 정보기술(IT)에 이어 제조업 발전에도 팔을 걷어붙였다. 경쟁국 중국이 모델이다. 탄탄한 제조업 기반 없이 IT산업의 발전만으로는 초강대국 진입에 한계가 있다고 판단하기 때문이다.

또한 IT만으로는 11억에 달하는 거대한 인구를 먹여 살리기 어렵다는 판단도 한 몫하고 있다. 사회주의 국가 중국이 했는데 세계 최대 민주주의 국가라고 자부하는 자기들이 못할 이유가 없다고 생각한다.

그러나 인도 제조업은 현재 '세계의 공장'인 중국에 상대가 안 된다. 2004년 기준 외국인직접투자(FDI)는 56억 달러로 606억 달러를 기록한 중국의 10%도 채 안 된다. 수출 규모도 세계 31위로 4위인 중국에 크게 뒤져 있다. 국민총생산(GDP)에서 제조업이 차지하는 비중도 17%에 불과하다. 반면 서비스업은 52%나 차지하고 있다. 중국의 제조업 비중은 52%에 달한다.

그래서 생각한 것이 중국식 경제특구(special economic zone)다. 중국처럼 전국에 경제특구를 만들어 외국인직접투자(FDI)를 유치하고 제조업을 발전시키겠다는 것이다. 인도에는 현재 11개의 경제특구가 설립된 상태다. 노이다도 그 중 하나다. 여기에 최근 인도 정부는 35개의 경제특구를 추가로 건설키로 했다.

경제특구 개발자 및 거주 기업들에겐 15년간 세금 감면 혜택이 주어지며 사업상 행정적 장벽도 일체 제거된다. 수출 절차도 60% 이상 간소화된다. IT에서 성공한 기세를 몰아 이제 제조업도 이제 본격적으로 발전시키겠다는 구상이다.

카말 나스 통상산업부 장관은 인터뷰에서 "그동안 소프트웨어 산업 중심으로 커왔지만 최근에는 하드웨어도 함께 성장하고 있다"면서 "인도는 머지않아 주요 제조업의 허브가 될 것"이라고 강조했다.

그는 새 경제특구 개발로 한 해 최소 5만 개의 일자리가 창출될 것이라며 2009년 이전에 인도 무역액이 두 배 이상 확대될 것이라고 장담했다.

외국인투자 2010년 500억 달러 목표

실제로 최근 인도 제조업은 빠른 성장세를 나타내고 있다. 2006회계연도 인도의 제조업 생산증가율은 9.1%에 달했고, 향후 수년간 제조업분야는 10%가 넘는 높은 증가율을 보일 것으로 전망된다. 자동차와 휴대폰 등 제조업 수출도 2006년 상반기 22%나 급증했다.

외국인 투자도 크게 늘어나고 있다. 포스코는 최근 인도 오리사주 일관제철소 건설에 120억 달러를 투자키로 했다. 이는 단일 기업 해외투자로는 인도 사상 최대 규모다. 세계 최대 제철업체 미탈 스틸도 인도에 90억 달러를 투자해 연산 1,200만 톤 규모의 제철소를 짓기로 했다. 인도 정부와 합작으로 국민차 '마루티'를 만드는 일본 스즈키자동차도 총 7억 7,000만 달러를 들여 중형차 생산공장을 세울 계획이다.

모토롤라는 세계에서 가장 빠른 성장세를 나타내는 인도 휴대폰 시장을 공략하기 위해 2005년 12월부터 인도 내에서 조립공장을 가

〈2005년 기준〉

인도와 중국 경제 비교		
구분	인도	중국
경제체제	자본주의 시장경제	사회주의 시장경제
총 국내총생산(GDP)	7,965억 달러(세계 10위)	1조 9,317억 달러(세계 6위)
1인당 GDP	730달러	1,400 달러
경제성장률	8.4%	9.9%
주요 산업	IT서비스업(51%)위주	제조업(53%) 위주
대외 개방	1991년	1978년
WTO 가입	1995년	2001년
외환보유고	1,660억 달러(세계 6위)	9,411억 달러(세계 1위)
빈곤선 이하 인구	25%	10%

인도 투자 매력 중국보다 우수

카말 나스 통상장관

"인도는 그 동안 정보기술(IT) 소프트웨어 산업 위주로 발전했지만 최근에는 하드웨어로 옮겨가고 있습니다. 자동차, 제약, 가죽, 의류, 음식가공에 강점이 부각되고 있습니다."

카말 나스 인도 통상산업부 장관은 취재진과 가진 인터뷰에서 "인도는 IT 외에 향후 제조업 발전에도 초점을 맞추고 있다"며 "인도는 장래 주요 제조업의 허브가 될 것"이라고 말했다. 나스 장관은 "삼성전자 LG전자 현대자동차 등 인도에 진출한 한국 기업이 매우 잘하고 있다"며 "금속, 섬유, 건설 분야의 중소 제조업이 많이 진출해줬으면 좋겠다"고 말했다. 그는 또 "인도는 건설, 빌딩 매매, 부동산 취득에 대해 외국인 직접투자를 100% 허용하고 있다"면서 한국기업의 적극적인 투자를 촉구했다. 현재 인도에는 10여 개 국내 건설업체가 지하철, 댐, 발전소, 도로 공사 등 토목 사업에 참여하고 있다.

'포스코의 120억 달러 규모 제철소 투자에 대한 반발 여론'에 대해 "포스코 문제는 일부 사람들이 잘못 이해한 것이며, 연방정부나 지방(주)정부 모두 전폭적으로 지원하고 있다"고 밝혔다. 나스 장관은 1991년 경제개방 이후 인도 경제 성장에 대해 자신감 넘치는 어조로 자세히 설명했다. "인도는 경제개방 이후 정치·사회적으로 공감대를 형성한 가운데 계획대로 한걸음씩 경제 개혁을 지속하고 있다"며 "이런 개혁 덕택에 인도는 1990년대 후반 아시아 외환위기 때도 큰 타격을 입지 않았다"고 말했다.

나스 장관은 특히 투자 매력도에서 인도가 중국보다 훨씬 우수하다고 강조했다. 인도는 민주주의 국가이자 시장경제체제를 유지하고 있는 반면 중국은 '천안문 사태' 등에서 보듯 체제 불안정성이 높고 국유기업으로 인한 심각한 금융불안을 안고 있다는 것이다. 그는 "심지어 중국은 최근 과잉투자 염려로 일부 중국 진출 기업이 빠져 나오고 있다"며 "인도는 중국을 대체할 시장"이라고 덧붙였다.

그는 또 인도가 '젊은 국가'란 점도 강조했다. 18~35세 젊은 층이 4억 명 존재하며 25세 미만 인구가 전체 중 60%를 차지해 성장 동력이 되고 있다는 주장이다. 나스 장관은 "이처럼 젊은 층이 많은 것은 세계적으로 특이한 현상"이라며 "이를 바탕으로 한 우수한 인적 자본이 인도 경제를 이끌어가고 있다"고 평가했다. 인도 경제 개혁에 대해 "인도는 언어 종교 문화 등이 매우 다양하며 여러 모순도 존재하고 있지만 이를 모두 포함해 천천히, 그렇지만 꾸준히 개혁 작업을 하고 있다"고 강조했다.

동했다. 인도 최대 휴대폰 판매업체인 노키아도 2006년 초 남부 타밀나두에 휴대폰공장을 개설했다. 최근 삼성전자는 인도에 휴대폰공장을 건설키로 했으며, 현대자동차도 제2공장 등 투자확대에 적극 나서고 있다.

인도 정부는 2004년 56억 달러였던 FDI를 3년 내에 150억 달러로 끌어올리고 오는 2010년까지는 500억 달러로 확대한다는 야심찬 계획이다.

세계적 컨설팅사인 맥킨지의 쉬리시 산커 이사는 "인도는 이제 세계 제조업 허브로서의 도약을 시작했다면서 현재 인도 제조업은 10~15년 전 도약직전의 중국 상황과 유사하다"고 말했다.

'인도의 국민기업' 타타그룹

2004년 2월 18일. 자동차 업계에 종사하는 사람은 물론 우리나라 많은 국민들도 놀라게 한 사건(?)이 발생했다. '타타(Tata)모터스' 라는 인도 회사가 대우상용차를 인수한다는 소식이었다. 타타는 당시 우리에겐 아주 생소한 회사였다. 더구나 후진국 인도 회사가 '욱일승천하는 신흥 자동차강국' 한국의 유력 자동차 회사를 접수한다니 믿기지 않는 것도 당연했다. 그러나 합병회사 타타대우상용차는 이후 중소형 트럭 시장에 진입하면서 현대차와 기아차가 독점하고 있는 국내 중소형 상용차 시장을 흔들어 놓고 있다.

'인도의 삼성그룹' 직원 21만 명

타타가 국내에 알려지지 않은 것은 우리가 인도란 나라에 그만큼 무심하기 때문이다. 인도에 한 번이라도 가본 사람은 도처에 널려있는 자동차를 비롯한 타타그룹 제품과 만나게 된다. 그만큼 타타그룹은 '인도의 국민기업'으로 통하며 덩치와 비중으로 볼 때 인도 내에서 한국의 삼성그룹을 능가하는 위상을 갖고 있다.

뭄바이 중심가 호미 모디 거리에 위치한 '타타 봄베이 하우스'. 고풍스러우면서도 웅장한 건물로 마치 영국이나 이탈리아 등 중세 유럽식 건축양식을 연상케 한다. 이곳에는 인도 제조업의 상징이라 할 수 있는 타타그룹 본부 등 많은 타타그룹 자회사들이 자리 잡고 있다. 한국을 위시해 전 세계 43개국 67개 공장을 사실상 지휘하는 곳이다.

타타그룹은 자동차와 철강, 수력발전소, 화학, 소비재, 정보기술(IT), 중공업 등 7개 분야 90여 개의 기업군을 거느리고 있는 인도 최대 기업 그룹중 하나이다. 그룹 총 가치 450억 달러(45조 원 규모), 고용인원 21만 6,000여 명에 인도 국내총생산(GDP)의 2.8%를 차지하고 있는 명실상부한 인도 간판 기업이다.

외형이나 '문어발식' 기업 구조로 볼 때 영락없이 우리의 재벌 기업을 빼 닮았다. 그러나 타타는 우리 재벌들과는 달리 국민들로

부터 지탄받지 않는다. 오히려 인도인들로부터 존경과 사랑을 한 몸에 받고 있다. 타타그룹은 어떤 기업이길래 이처럼 국민들의 사랑을 받을까. 이 같은 궁금증은 창업주에 대해 살펴보면 자연스레 알게 된다.

'인도 산업발전의 영웅' 잠셋지 타타

인도 북동부 자르칸트주에 가면 '잠셋푸르' 라는 인구 60여만 명의 깨끗이 단장된 도시를 만난다. 인도의 대표적인 철강도시다. 인도 최대의 민간 제철기업인 타타스틸이 위치하고 있기 때문이다.

이곳은 타타그룹의 창업주인 잠셋지 타타(Jamsetji Nasarwanji Tata: 1839~1904)의 이름을 따 만든 도시다. '잠셋' 은 그의 이름이

인도 최대 경제 도시인 뭄바이 시내에 자리잡고 있는 타타그룹 본사 사옥. 고풍스런 사옥 모습이 매우 인상적이다.

잠셋지 타타

고, '푸르'는 힌디어로 '마을, 도시'란 뜻이다. '인도 철강산업 발전의 아버지'로 통하는 잠셋지 타타를 기념하기 위해 도시까지 만들어져 있는 것. 그만큼 그는 인도 사람들로부터 '국민적 영웅'으로 추앙을 받고 있다. 마하트마 간디가 인도인의 '정신적 영웅'이라면 잠셋지 타타는 '인도 경제의 아버지' 쯤 된다고 할 수 있다.

잠셋지 타타는 1839년 인도 서부 구자라트 나바사리의 파르시(Parsee:배화교도) 사제 가문에서 태어났다. 파르시 족은 본래 이란에서 살았으나 종교적 박해 등을 피해 봄베이 등 인도 서해안으로 이주한 사람들이다. 토착 인도인들의 입장에서 보면 파르시인들은 외부인인데다 이교도인 셈이다. 그럼에도 불구하고 잠셋지 타타는 이국 땅인 인도에서 엄청난 성공을 거둔다. 그래서 타타그룹은 인도와 아랍에 걸쳐 파르시 상인의 대표적 성공사례로도 꼽힌다.

잠셋지 타타는 17세 때 봄베이 엘핀스톤 칼리지에서 수학한 후 극동지역과 유럽에서 아버지를 따라 무역업에 종사했다. 그는 선천적으로 기업가적인 기질을 타고 났다고 얘기된다. 약관의 나이인 27세 때인 1868년 그는 타타그룹의 출발점이 된 무역회사를 창업해 아편무역 등으로 큰돈을 번다. 이 돈을 바탕으로 그는 이후 방직업에 뛰어들어 19세기 후반 면화 산지인 중부의 나그푸르와 봄베이에 대규모 방직공장을 소유한다. 인도 섬유 업계 최고 거물의 위 치에 오른 것.

당시 대부분의 사람 들은 그가 수지맞는

인도의 대표적 철강도시인 잠셋푸르에 자리잡은 타타스틸.

섬유업에 계속 투자하여 돈을 벌 것으로 예상했다. 그러나 잠셋지는 그렇게 하지 않았다. 그에겐 산업의 미래를 내다보는 선견과 나라의 장래를 걱정하는 뜨거운 가슴이 있었다. 그는 철강이 중공업의 모태 가 되고 수력발전으로 경제발전의 토대를 닦아야 한다고 생각했다.

요즘도 이런 생각을 가진 기업인은 흔치 않다. 오늘날 중국이나 중 남미 국가, 아프리카 등은 중공업으로 경제발전을 이룬 박정희 대통 령 시대 정책을 벤치마킹하려 한다. 그러나 잠셋지 타타는 지금으로 부터 100여 년 전 이미 '민족산업'의 중요성을 깨닫고 실천에 옮긴 것이다.

그러나 안타깝게도 그는 1904년 자신의 꿈을 실현하지 못하고 숨 을 거둔다. 하지만 그의 뒤에는 아버지의 꿈을 현실로 만들 두 아들 (도랍지 타타, 라탄지 타타)이 버티고 있었다. 그의 사후 3년 만에 벵골에 타타제철이 설립되고, 1910년에는 타타수력발전회사, 1916년 안드라계곡 수력발전회사, 1919년 타타전력회사 등이 잇따라 설립돼 잠셋지의 꿈이 실현되었다.

기업 사회적 책임에 철저

잠셋지 타타의 또 다른 꿈인 인도 고등교육에 대한 열정도 1911년 첫 결실을 맺는다. 벵갈루루에 인도의 간판 싱크탱크인 인도과학대학원(IISc: Indian Institute of Science)이 설립된다. 이를 위해 잠셋지 타타는 생전 자신이 보유하고 있던 재산의 3분의 1을 헌납했다.

이와 관련해 조그만 일화가 있다. 그의 생전 측근들은 IISc가 설립되면 재산을 헌납하는 대가로 그곳에 타타의 흔적을 남겨야 한다고 제안했다고 한다. 그러나 잠셋지 타타는 "IISc는 내가 인도에 기부하는 것"이라며 거절했다고 한다. 대신 오늘날도 그가 죽은 매년 3월 3일이면 졸업생을 비롯한 수천 명의 사람들이 IISc에 모여 그를 추모하는 행사를 연다. 그는 인도과학대학원 외에도 20여 개의 초중등학교를 세워 인도인 교육에 앞장섰다.

또 잠셋지 타타는 직원들의 복지 후생을 누구보다 앞서 실천했고, 이익금의 사회환원과 빈민구제사업 등에도 매우 적극적이었다. 직원들의 후생을 위해 1877년 낙푸르에 세운 섬유공장에 인도 최초로 환풍기와 습도조절기, 의료소를 설치한 것은 유명하다. 이 같은 그의 기업관은 사후 아들들에게 그대로 이어졌다. 타타그룹은 8시간 노동제(1912년)와 유급휴가제(1920년), 임신휴가(1928년), 성과급제(1934년), 퇴직금제(1937년) 등을 차례로 도입했다. 이들은 모두 인도 역사상 최초로 도입된 것이다.

이후 인도 정부는 8시간 근로제는 36년 후, 퇴직금제는 35년 뒤에나 입법화하게 된다. 심지어 영국에서도 1911년에야 하루 12시간 노동제가 처음으로 도입됐다는 점을 고려할 때 타타의 복지후생제도가 얼마나 혁신적이고 선구적인 조치였는가를 짐작할 수 있다.

특히 1920~1930년대 타타그룹의 지주회사인 '타타 아들들(Tata Sons)' 자산의 66%가 고인의 뜻에 따라 두 아들 명의의 두 개 공공재단에 기부됐다. 도랍지 타타 트러스트와 라탄지 타타 트러스트가 바로 그것.

이들 재단은 한 해 1억 달러 이상의 돈을 사회복지를 위해 기부하고 있다. 현재도 이들 2개 공공재단이 타타선스 주식의 66%를 소유하고 있다. 다시 말해 모회사 지분의 3분의 2를 자선단체들이 보유하고 있는 셈이다. 인도인들이 타타가 돈을 많이 벌면 벌수록 자신들에게 좋은 일이라고 믿는 이유가 여기에 있다.

후진국이 대개 그렇듯이 인도도 정경유착이 매우 심한 것으로 알려져 있다. 정치인과 기업인 간 끈끈한 부패 고리로 연결되어 있어 정치 발전을 저해하고 있다. 그러나 정치인들은 적어도 타타그룹에는 손을 벌리지 못하는 것으로 유명하다. 타타는 윤리강령에 정치인에게 돈이나 편의 제공을 철저히 금지하고 있기 때문이다.

선진국 문턱에 도달했다는 우리나라에서도 정경유착은 비일비재한 일임에 비추어 후진국 인도에서 타타의 사례는 우리를 한없이 부끄럽게 한다.

글로벌 기업으로 변신 중

오늘날 타타그룹을 이끌고 있는 사람은 창업주인 잠셋지 타타의 증손자인 라탄 나발 타타(Ratan Naval Tata)이다. 지난 1991년 회장에 취임한 뒤 자동차와 IT 등 첨단산업을 집중 육성해 인도 최대 재벌로서의 입지를 더욱 탄탄히 하고 있다.

특히 그는 자동차를 핵심 산업으로 육성해 세계적인 수준으로 끌어올리려는 야심찬 계획을 갖고 이를 실천에 옮기고 있다. 선조들이 인도 산업화를 이끌었다면 자신은 자동차를 위시한 인도 제조업을 세계 유수 기업과 경쟁할 수 있는 수준이 되도록 만들겠다는 것이다. 이를 위해 시멘트, 섬유 등 경쟁력이 떨어지는 부문은 과감히 포기하는 대신 자동차와 철강 등 핵심 사업 발전에 주력하고 있다.

자동차를 핵심사업으로 추진한다는 라탄 회장의 의지는 1998년 타타모터스를 승용차 시장에 본격적으로 뛰어들게 했다. 그간 자동차라곤 트럭만을 생산해온 타타모터스로선 위험을 무릅쓴 결정이었다. 주위에서도 수익에 악영향을 미칠 것이라며 반대했다. 라탄 회장의 강력한 추진 결과 자체 기술로 만든 첫 소형 승용차인 '인디카(Indica)' 가 1998년 출시되었다. 그러나 예상대로 품질이 나빠 목표로 했던 판매량의 절반도 팔지 못한 채 1998~1999년 막대한 적자를 냈다.

라탄 회장은 포기하지 않았다. 대신 뼈를 깎는 구조조정에 들어갔다. 종업원 수를 무려 40%나 감원하고, 부품 하청업체도 절반 수준인 600여 개로 줄이는 등 조직 슬림화를 이뤄냈다. 대규모 감원 등 이 같은 구조조정은 노동

라탄 타타 회장

관련 법률이 엄격한 인도에서는 실행하기 힘든 어려운 결정이었다.

결국 그의 노력은 결실을 보게 된다. '인디카'와 2002년 새로 출시된 중형차 '인디고(Indigo)' 등이 인도 중소형차의 4분의 1을 점하며, 인도시장에서 마루티자동차와 현대자동차에 이어 3위로 도약한 것이다.

타타그룹은 1991년 인도의 경제 개방 이후 인도를 넘어 글로벌기업으로 부상하기 위해 빠르게 변신하고 있는 중이다. 대우상용차를 인수하는 등 한국과 중국 등 아시아 진출을 강화하고 있다.

'인도 제조업의 대명사'인 타타그룹은 IT산업에 이어 향후 인도 산업의 중심이 될 제조업에서 선도적 역할을 할 것으로 보인다. 지난 100여 년간 타타가 인도 산업화를 이끌어 왔듯이 말이다.

이와 관련해 영국의 경제잡지 〈이코노미스트〉는 타타그룹은 인도 제조업의 희망으로 타타를 보면 인도 미래가 보인다고 역설했다.

타타의 자존심 타지마할 호텔

인도 서해안 최대 항구도시인 뭄바이(옛 봄베이) 항만. 항만 남쪽 끝자락에는 영국 식민지의 대표적 상징인 인도문(Gate of India)이 위용을 자랑하며 서 있다. 1911년 영국 왕 조지 5세 부부의 인도 방문을 기념하여 세운 건축물이다. 인도의 쓰라린 과거를 간직한 역사적 유물로 언제나 많은 관광객들로 붐빈다.

인도문 바로 앞에는 화려하고도 고풍스런 대형 건축물이 웅장한 자태를 뽐내고 있다. 인도 사라센 양식의 건축물로 마치 아라비아의 궁전 같은 모습이다. 유명한 타지마할(Taji Mahal·사진 왼쪽) 호텔이다.

인도의 대표적 건축물인 타지마할 묘의 이름을 딴 이 호텔은 단순한 호텔이 아니다. 인도와 인도인의 자존심이 담겨 있는 역사적 호텔이다.

이 호텔 건축과 관련한 일화가 있다. 인도가 영국의 식민지였던 19세기 말이다. 타타그룹의 창업주 잠셋지 타타는 외국인 친구와 함께 뭄바이 해안가 인근에 있는 당시 '최고의 호텔' 필케즈 아폴로 호텔에 저녁식사 하러 갔다가 봉변을 당한다. '인도인'이란 이유로 출입을 금지 당한 것. 외국인 친구 앞에서, 더구나 자기 나라 땅에서 인도인이란 이유로 호텔 출입금지라는 수모를 당하자 그는 인도의 특색을 나타내면서도 세계적인 호텔을 세우기로 결심한다.

그는 유럽으로 자주 출장을 가 발전기와 엘리베이터 등을 구입했다. 이들은 당시로서는 세계 최고의 기술이었다. 또 파리 박람회에서는 에펠탑에 매료되어 그 탑을 지탱하는 거대한 철골을 즉석 구매했다. 이 철골은 현재 타지마할 호텔의 무용 홀 천장을 받쳐주고 있다.

1898년부터 건축을 시작한 이 호텔은 5년여에 걸친 공사 끝에 그가 죽기 1년 전인 1903년 완공됐다. 당시 세계 최고 호텔이라는 찬사를 받았다. 아폴로호텔에 깨끗이 복수한 것이다. 타지마할 호텔의 시설은 여전히 세계적 수준으로 현재도 싱가포르의 라플즈 호텔과 함께 아시아 최고의 호텔로 일컬어지고 있다.

필자는 인도 방문 중 인도문 등 호텔 인근에는 자주 갔으나 내부에 들어가 볼 기회는 갖지 못했다. 그러다 국내 유수 재벌 부회장이 2005년 11월 인도를 방문해 이 호텔에 묵고 있어 인터뷰를 위해 내부에 들어가 보게 됐다.

붉은 색으로 호화롭게 장식된 호텔 내부는 궁궐과 같았다. 특히 모든 객실 창문으로는 아라비아해를 볼 수 있게 설계돼 있어 마치 배를 타고 있는 느낌이다. 또 호텔 안쪽으로는 커다란 수영장이 자리 잡고 있고, 그 주위를 전봇대만한 야자수들이 이국적인 풍취를 물씬 풍기고 있다. 밤에 휘황 찬 조명 아래 야자수 아래서 치솟는 분수를 바라보는 경치는 일품이다. 특히 '식민지 국민' 잠셋지 타타의 통쾌한 복수를 생각하노라면 더욱 즐겁다.

인도 최대 그룹 릴라이언스 성장사

타타와 함께 인도를 대표하는 그룹이 릴라이언스(Reliance)다. 인도를 가게 되면 도처에서 휴대폰 등 릴라이언스 브랜드를 만나게 된다. 릴라이언스는 자산 규모 230억 달러로 국내총생산(GDP)의 3.5%를 차지하는 인도 최대 기업이다. 인도 기업으론 처음으로 미 경제잡지 〈포천(Fortune)〉이 선정한 세계 500대 기업 안에 들기도 했다.

인도판 '왕자의 난'

릴라이언스는 2004년 말 인도 판 '왕자의 난'이 소개되면서 우리에게 알려졌다. 이는 릴라이언스 창업주가 사망하면서 불거진 형제 간 그룹 경영권 다툼으로 우리도 현대그룹 가문의 '왕자의 난'을 경험한 적 있어 남의 일 같지 않게 다가왔다.

전말은 이렇다. 2002년 7월 창업주 디루바이 암바니(Dhirubhai H. Ambani)가 사망하자 그의 두 아들이 공식적으로 경영권을 이어받았다. 형인 무케시 암바니(Mukesh Ambani)와 동생 아닐 암바니(Anil Ambani)가 바로 그들. 무케시는 미국 명문 스탠포드 대학 경영대학원에서, 아닐은 미국 펜실베니아대학 와튼스쿨에서 경영학석사(MBA) 학위를 받은 재원들이다.

그러나 부친인 디루바이 암바니가 유언을 남기지 않고 죽어 그룹 경영권을 두고 이들 형제 간 갈등이 시작됐다. 부친 사망 후 무케시

가 그룹 회장 겸 이사를 맡고, 아닐이 부
회장 겸 이사직에 올랐지만 두 사람 간
갈등이 표면화되면서 이 회사 주가가 곤
두박질치는 등 위기로 치달았다.

고 암바니 회장

7개월간 지속된 형제 간 경영권 갈등
은 결국 그룹을 분리하는 쪽으로 해결됐
다. 그룹 분리라는 결과가 현대그룹 '왕
자의 난'과 흡사하다. 현대는 가족 간 해결이 안 돼 정부가 개입해 중
재했지만, 릴라이언스는 어머니가 갈등 해결에 결정적인 역할을 했
다는 점이 다를 뿐이다.

그룹 분리 방침에 따라 총 9개의 계열사중 형 무케시 회장은 석
유와 가스, 석유 화학 부문 사업을 벌이는 릴라이언스 인더스트리
를 맡게 됐다. 동생인 아닐 부회장은 전력(릴라이언스 에너지)과
통신(릴라이언스 인포컴), 투자(릴라이언스 캐피탈) 등 계열사를
각각 보유케 됐다.

'인도의 록펠러' 암바니

릴라이언스 창업주인 디루바이 암바니는 오늘날 인도 기업의 또
다른 신화다. 19세기에 걸출한 인도 기업인으로 잠셋지 타타가 있었
다면 20세기에는 디루바이 암바니가 있었다. 맨 손으로 세계적 기업
을 일군 '인도의 록펠러' 디루바이 암바니는 인도 기업과 증시 역사

를 새로 쓴 사람으로 인도인에게 기억되고 있다.

암바니는 1932년 구자라트 지방의 가난한 교사 아들로 태어났다. 집안이 가난했던 관계로 그는 주말이면 관광객에게 스낵 등을 팔아 생계를 돕곤 했다. 그러다 16세란 어린 나이에 그는 중동에 위치한 예멘의 '아덴' 이란 곳으로 돈을 벌러 간다. 그곳에선 정유회사인 '셸(shell)' 주유소의 주유원으로 일한다.

아덴에서 10년간 일한 암바니는 1958년 인도로 돌아가기로 결정한다. 그 때 나이 26세. 한창 젊을 때였다. 그의 손엔 아덴에서 모은 5,000루피(약 130만 원)가 쥐어져 있었다. 이를 종잣돈으로 그는 뭄바이에 '릴라이언스 컴머셜 코퍼레이션' 이라는 회사를 차린다. 그의 첫 회사였다. 장차 인도 최대 기업이 되는 릴라이언스 그룹의 모태다. 사업 초기에는 인도의 향신료 등을 아덴에 있는 지인들을 중심으로 공급하던 일을 했으나 1960년대 초부터는 섬유 산업에 본격적으로 뛰어든다.

그는 사업에 대한 본능적인 감각을 갖고 있었다. 그 대표적인 사례가 당시 인도 정부의 수출 장려 정책인 라이센스 제도(수출을 많이 하면 수입할 수 있는 권리 부여)를 적극 활용한 것. 이를테면 인도산 인조견사(絲)를 값싼 가격에 수출을 많이 해 수출액을 늘린 후 이를 바탕으로 인도에선 비싼 나일론의 수입 라이센스를 획득해 나일론 수입판매로 돈을 버는 식이었다. 이 같은 수익 모델은 계속 성공을 거둬 그의 사업은 확장을 지속했다.

그러다 정부의 수출·수입 정책이 수정되자 1966년 당시 섬유

산업의 중심지인 아메다바드 인근 나로다(Naroda)란 지역에 그의 첫 섬유공장을 세우고 '비말(Vimal)' 이란 자체 상표를 내놓는다. 소비자들의 필요를 잘 파악한 암바니는 비말 외에 '사리스(Sarees)', '드레스(Dress)', '수이트(Suit)' 등 다양한 브랜드를 내놓는다. 경쟁사들이 대개 단일 품목으로 사업을 하는 것과 차별화된 전략이었다.

유통 구조도 혁신을 꾀하였다. 일반적인 '공장 – 도매업자 – 소매업자'의 유통 구조를 직영 대리점 체계로 바꾸었다. 소비자들에게 직접 접근함으로써 판매를 급신장 시킨 것. 또한 광고에 엄청난 자금을 투입하는 등 광고의 중요성을 일찍 파악해 홍보정책에서도 여타 기업들을 앞서 나갔다.

주식 공개로 중산층 영웅으로 부상

1977년 암바니는 사업상 중요한 결정을 내린다. 아직 제대로 성숙하지 못한 뭄바이 증시에 자신의 기업을 상장키로 결정한 것. 당시 릴라이언스는 굳이 상장하지 않더라도 자금은 넉넉했다. 그러나 장기적으로 주식시장에의 상장이 자본을 싸게 조달하게 할 것이라는 생각에 상장 결정을 내렸다.

릴라이언스의 주식시장 상장은 인도 증권시장을 혁신적으로 변화시키는 계기가 됐다. 주식에 별로 관심이 없던 일반 증산층들이 대거 릴라이언스 주식을 사겠다고 몰려든 것. 기업 상장 첫해인 1977년에

무케시 암바니　　　　　　　아닐 암바니

만 5만 8,000여 명이 릴라이언스 주식을 샀다.

이후 릴라이언스 주주 수는 급격하게 늘어나 현재는 400만 명을 웃돌고 있다. 우리나라 대표 종목인 삼성전자 주주 숫자가 10만 명 안팎에 불과하다는 점에 비춰 볼 때 릴라이언스 주식이 인도 국민들 사이에 얼마나 인기 있는지 짐작할 수 있다.

암바니는 릴라이언스 주식을 사 장기적으로 갖고 있으면 부자가 될 것이라고 홍보했고, 그는 이 약속을 성실하게 지켰다. 릴라이언스 주주총회는 보통 대규모 인원이 참석할 수 있는 체육관에서 열렸다. 이곳에서 암바니는 수많은 주주들로부터 열렬한 환영과 존경을 받았다. 많은 인도인들은 오늘날 암바니가 인도에 새로운 주식시장 문화를 창조한 사람으로 평가하고 있다.

기업 상장 후 릴라이언스는 하늘 높은 줄 모르고 성장했다. 1980년 대 들어 릴라이언스는 섬유 외에 석유가스, 석유화학, 플라스틱, 전력, 생명공학, 정보통신 등 부문으로 사업을 다각화했다. 이에 따라 1980년 대 말 이미 릴라이언스는 인도 최대 기업그룹 중 하나로 급부상한다.

큰 꿈을 꾸고 앞서 실천하라

인도인들 사이에 암바니에 대한 평가가 호의적이지만은 않다. 수출 라이센스를 통해 경쟁자를 고사시키며 돈을 벌었다든가, 정치인들과의 긴밀한 유착관계가 비판의 도마에 오르기도 한다. 그러나 비판자들도 한결같이 동의하는 점이 있다. 그가 기업인으로서 뛰어난 비전과 선견지명, 열정을 지녔다는 점이다.

암바니는 생전 사람들에게 "크게 생각하고, 빠르게 생각하며, 남보다 앞서 생각하라(Think big, think fast and think ahead)"고 강조하곤 했다 한다. 그의 인생을 그대로 설명해주는 말이다.

그는 어릴 적 스낵을 팔 때부터 큰 것을 꿈꾸었다. 중동 아덴에 가서도 마찬가지였고, 인도에 돌아와서도 그는 큰 꿈을 꾸는 것을 한시도 멈추지 않았다고 한다. 이 같은 꿈과 이 꿈을 실현하려는 열정이 무(無)에서 인도 최대 기업을 창조한 정신적 자산이었음은 물론이다.

그는 〈아시아위크〉가 선정한 '아시아에서 가장 영향력 있는 인물 50인' 에 3번이나 선정되었으며, 인도상공회의소는 그에게 '20세기 가장 위대한 인도 기업가상' 을 수여하기도 했다.

그러나 암바니가 개인으로서 마냥 행복하기만 했던 것은 아니었다. 승승장구하던 그에겐 적도 적지 않았으며, 1986년 50대 초반의 나이에 중풍으로 쓰러져 오랫동안 병원신세를 져야 했다. 그 후 어느 정도 회복하였으나 완쾌하지 못한 채 그는 2002년 7월 69세의 나이로 세상을 떠났다.

　그가 죽자 인도 전역에서 수많은 사람들이 '20세기 인도 최고 기업인'의 죽음을 애도하며 눈물을 흘렸다. 그의 삶은 신분제도가 운명처럼 드리워져 있는 인도 사회에서 드라마에서나 볼 수 있는 기적 같은 것이었기 때문이다.

쇼핑몰, 멀티플렉스관 등에 인파 몰려

인도 경제 수도인 뭄바이 시내에서 가장 큰 쇼핑몰인 니르몰 (Nirmall). 쇼핑몰 건물은 4층으로 높지는 않지만 넓은 공간에 큰 건물 여러 개가 자리 잡고 있다. 건물과 건물 사이에는 공원처럼 넓은 레저 공간이 있고 어린이들이 놀 만한 놀이터도 마련돼 있다. 그 동안 인도에선 볼 수 없던 서구식 쇼핑센터다. 센터에는 나이키, 리바이스, 베네통, 게스, 토미, 리 청바지 등 수십 개의 외국 유명 브랜드가 입점해 있다. 피자헛과 맥도날드, 커피숍 등 휴식공간도 있고, 세계 각국 음식점들도 즐비하다.

쇼핑센터에는 평일인데도 사람들로 만원이다. 사람이 많다지만 이들은 인도 길거리에서 흔히 볼 수 있는 헐벗고 굶주린 사람들이 아니

최근 인도에는 중산층을 중심으로 소비 열기가 뜨겁다. 사진은 뭄바이 한 고급 쇼핑몰 매장에서 부녀가 쇼핑하는 모습.

다. 중년층들은 살이 풍족히 오르고 젊은이들은 청바지나 캐주얼 차림에 아주 날씬하다. 풍요로움의 표시가 여기저기서 묻어난다.

쇼핑 카트 가득 물건을 싣고 가는 일가족 중 어머니로 보이는 중년 여성은 "우리 가족이 1주일 먹을 식품과 간식 등을 샀다. 애들이 피자를 좋아해 냉동 피자를 많이 샀다"고 즐거운 표정으로 말했다.

미국이나 유럽에서 볼 수 있는 전형적인 가족 단위 쇼핑 모습이다. 쇼핑몰 의류센터에 근무하는 한 종업원은 "주중에도 사람들이 많지만 주말에는 미어터질 정도"라며 "고객들은 주로 중산층 이상이라고 보면 된다"고 말했다.

IT산업과 경제 호황으로 인도에 신흥 중산층이 급증하고 있다. 원래 인도에는 극소수의 부유층과 절대다수의 빈곤층만이 존재할 뿐 중산층은 형성되지 않았었다. 중산층이 있다고 해도 눈에 띄지 않을 정도로 미미했다. 그러나 1990년대 말 이후 중산층이 급격히 확대되기 시작했다. 연간 소득 5,000달러 이상의 구매력을 가진 인도 중산층은 현재 2억 5,000만~3억 명에 달하는 것으로 추산된다.

이들은 여가생활을 중시하고 경제적으로는 상승 지향적인 태도를 보인다. 이런 태도는 과거에는 발견할 수 없었던 것이다. 마하트마 간디를 비롯한 많은 인도 지도자들은 물질적 욕망을 일종의 죄악으로 간주했다. 소비는 서구인들의 퇴폐풍조라고 가르쳤다.

그러나 오늘날 인도 중산층은 간디 등의 가르침에 별 관심이 없다. 이들은 소비를 미덕으로 하고 소비생활에 매우 적극적이다.

고소득 젊은층 '지피족' 급증

이들 중산층을 주축으로 소비가 급증하고 있다. 특히 야채, 식품 등 생존을 위한 소비는 주는 반면 외식이나 레저, 영화, 화장품, 선물 등 고급품과 사치품 시장은 급속히 성장하고 있다.

인도 유력 컨설팅그룹인 BIU의 조사에 따르면 인도 구매력은 지난 4년간 연 18% 고속 성장했다. 기초 생필품에 대한 구매력은 9% 성장에 그쳤으나 사치품 구매력은 450%나 급증했다.

인도에서 사치품 시장으로 분류되는 자동차 시장은 41% 성장했고, 휴대폰 시장은 자그마치 1163%나 규모가 커졌다.

중산층이 늘면서 주거문화 등 인도인들의 소비행태도 급속히 달라지고 있다. 이런 소비행태 변화는 최근 인도에도 등장한 여피족(고등교육을 받고 도시 근교에 살며 전문직에 종사해 고소득을 올리는 젊은이들) 등 젊은층을 중심으로 빠르게 진행되고 있다. 인도에선 이들을 '지피족'으로 부른다. 이들이 인도 전통 복장인 사리(여자)나 도티(남자) 대신 지퍼가 달린 서구식 바지를 입고 다닌다는 의미에서다.

이들 지피족은 남녀 모두 자신감이 넘치며 창조력이 풍부하다. 또한 도전적이고 모험을 즐기며, 위험을 두려워하지 않는 경향이 강하다. 또 이들 지피족은 능숙한 영어를 구사하며 IT기업 등에 근무해 소득이 높다. 돈을 벌거나 쓰는 데도 부모 세대들이 느끼는 양심의 가책 등을 느끼지 않는다고 한다. 이들은 신용판매, 신용카드 사용에도 열심이다.

'금주의 나라' 서 비싼 수입 위스키 불티

'인도 IT허브'로 불리는 벵갈루루에서 가장 번화가인 MG로드. 각종 쇼핑몰이 몰려 있고 서구식 카페와 술집들이 무리를 이루고 있다. 밤 10시경 한 스탠드바에 들어서자 휘황한 네온사인이 시야를 어지럽게 한다. 많은 젊은 남녀들이 맥주나 양주 등을 마시는 광경이 눈에 들어온다. 금주(禁酒)를 원칙으로 하는 인도 사회에선 쉽게 보기 어려운 모습이다. 위스키 가격을 보니 한잔에 500루피(1만 2,000원)나 한다. 웬만한 인도 월급쟁이의 1주일 봉급에 해당한다. 그런데도 맥주 대신 수입 위스키를 즐기는 젊은이들이 아주 많다.

이곳에서 만난 비크렘 칸트(29)씨도 친구와 비싼 칵테일을 즐기고 있었다. 벵갈루루의 한 IT회사에 다닌다는 그는 월 700달러라는 적지 않은 보수를 받는다. 근로자 평균의 10배 가까이나 많은 거액이다. 일반 대학졸업자의 평균 월급인 200~300달러보다도 훨씬 많다. 그래서 남부럽지 않은 소비생활을 즐기고 있지만 문제는 버는 돈을 모두 쓴다는 데 있다.

그는 두 달 전에 구입한 현대자동차 상트로의 월 할부금으로 매달 약 150 달러가 나간다고 했다. 아파트 렌트비로 월 100달러, 컴퓨터 텔레비전 등 가전제품 구입 할부금으로 월 200달러가 들어간다. 또 휴대폰 이용 등 통신비용으로 약 50달러가 들고, 기타 살림 비용으로 200달러 정도가 소요된다. 700달러라는 거금이 몽땅 지출된다. 소비보다 저축을 많이 하는 인도인들의 특성에 비춰 그는 매우 이례적이다. 저금을 해야 하지 않느냐는 물음에 그는 "젊을 때 일단 즐기고 결혼한 이후 저축할 것"이라고 말했다.

또 지피족으로 통하는 이들은 전통적인 카스트 제도나 종교 등에 의해 스스로를 정의하지 않는다. 대신 서로 공유하는 소비문화로 자신들을 구분한다. 한마디로 대대로 이어져온 전통에 도전하는 세대라고 할 수 있다.

연애결혼 증가 등 라이프스타일 급변

인도 젊은이들의 라이프스타일도 급변하고 있다. 인도는 온 가족

뉴델리 한 고급 쇼핑몰 내부. 인도는 최근 경제가 폭발하면서 서구식 쇼핑몰이 급격히 늘고 있다.

이 모여 사는 거대가족 제도로 유명하다. 한 집안에 아들이 4명이라면 결혼한 후에도 이들 4명의 아들과 며느리, 그 자식들이 부모와 함께 모여 산다. 그러나 더 이상 집에서 거대가족과 함께 거주하지 않는 젊은이들도 크게 늘고 있다. 앞에서 언급한 비크렘 칸트처럼 최근 많은 젊은이들은 혼자 살거나 동료들과 아파트를 빌려 살고 있다.

인도식 중매가 아닌 연애결혼을 하는 젊은이들도 크게 늘어나고 있다. 파티나 모임 등에서 연인을 만나 결혼하는 경우도 비일비재한 것. 벵갈루루에 위치한 삼성전자 인도연구소(SISO)의 엔지니어인 안슐 샤르마(Anshul Sharma)씨는 그 보다 한 발 더 나가 국제결혼을 한 케이스. 인도 최고 명문대학인 인도공과대학(IIT)을 졸업한 그는 미국 유학 중 만난 체코 여자와 결혼했다. 집안이 인도 최고위 계층인 브라만 출신이어서 부모님들은 처음에 그의 국제결혼에 반대했다. 그러나 반대는 예상보다 심하지 않았고, 그는 큰 무리 없이 외국인과 결혼할 수 있었다. 연애결혼이나 국제결혼에 대한 인도 사회 인식이 빠르게 변하고 있기 때문에 가능했다고 그는 말했다.

젊고 공부를 많이 해 고소득인 그도 역시 지피족에 속한다. 연봉이 2만 5,000달러나 되는 그는 인도 베스트셀러카인 현대자동차 상트로를 몰고 다니고 집에는 TV, 냉장고, 세탁기, 전자레인지, 오디오 등 최신 가전제품을 구비하고 있다. 그가 한 달 생활비로 쓰는 돈은 주택임대료 300달러를 포함해 월 600~700달러다. 인도 대졸 평균 임금(월 200~300달러)의 2배가 넘는 돈을 쓰고 있는 셈이다.

급속한 사회변화 비즈니스 기회 창출

젊은층을 중심으로 한 인도 사회의 급속한 변화는 많은 새로운 비즈니스 기회를 창출하고 있다. 술집과 커피 전문점 등은 이의 대표적인 사례다. 차(茶) 문화가 만연된 이 나라에 최근에는 바리스타 체인 같은 커피 전문점이 놀랄만한 속도로 확산되고 있다.

뉴델리나 뭄바이, 벵갈루루 등 대도시에 가면 유럽식 노천 카페를 흔히 볼 수 있다. 벵갈루루 중심가인 MG 거리 한복판에 자리 잡고 있는 고급커피 체인점 '바리스타 에스프레소 바' 노천카페는 젊은이들로 만원이다. 일부는 휴대폰으로 전화하거나 몇몇은 이어폰을 꽂고 MP3 음악을 즐기고 있다. 좌석이 나기를 기다리며 카페 주변을 서성이는 젊은이들도 10여 명이나 된다. 커피 한 잔 값이 700~1,000원 정도로 이 나라 국민소득에 비해 결코 싸지 않다.

카페 종업원은 "카페에는 중상류층 출신 대학생과 IT기업에서 일하는 젊은 직원들이 많이 찾는다"고 말했다.

인도 소비문화가 바뀌고 있음은 대도시에 하루가 멀다 하고 우후죽순처럼 들어서는 고급 쇼핑몰에서도 확인할 수 있다. 그동안 중소규모의 전통 '구멍가게'들만 존재했던 인도에 최근 이 같은 서구식 쇼핑몰들의 등장은 놀랄만한 변화이다.

뉴델리에서 남쪽으로 20킬로미터 떨어진 곳에는 우리의 분당 같은 신도시 그루가온이 들어서고 있다. 대기업과 외국 기업들이 속속 입주하고 새 아파트들도 대거 건축되고 있다. 인근에 대규모 IT산업단지도 자리를 잡고 있는 이곳에는 MGF, 사하라몰, 시티센터, 메트로폴리탄 등 7~8개의 최신식 쇼핑몰이 몰려 있다. 4층 건물의 메트로폴리탄 백화점 건물 상단에는 질주하는 현대 소나타 대형 광고가 걸려 있고, 맞은편 시티센터 쇼핑몰에는 삼성전자 애니콜 광고가 눈길을 사로잡고 있다.

각 쇼핑몰마다 보스, 아디다스, 베네통, 게스, 토미, 마크앤 스펜서, 리 청바지, 리바이스, 나이키, 스바로브스키 등 수십 개의 외국 유명 브랜드가 손님들을 유혹하고 있다. 이곳도 뭄바이 쇼핑몰과 마찬가지로 한 곳에서 쇼핑과 식사, 레저를 즐길 수 있도록 설계돼 있고, 어린이와 자동차 주차를 위한 넓은 공간도 마련돼 있다. 미국이나 유럽식 '원스톱 쇼핑몰'이다.

월마트 등 글로벌 유통업체 군침

이 곳에서 파는 의류, 전자, 화장품, 신발 등 브랜드 제품 가격은 우리나라와 크게 다르지 않다.

TGI프라이데이 매장 종업원은 "이곳 주민보다는 뉴델리 사람들이 많이 찾는다"면서 "주말이면 뉴델리에서 온 중산층 쇼핑객들로 미어터진다"고 말했다. 그루가온에는 쇼핑몰이 대거 몰려있음에도 불구하고 여러 개의 새로운 쇼핑몰들이 계속 건설되고 있다.

경제수도인 뭄바이에는 최대 규모인 니르몰(Nirmall)을 비롯해 10여 개의 대형 쇼핑몰이 자리 잡고 있다. 쇼핑몰이 시내에 위치해 뭄바이 쇼핑몰에는 언제나 많은 사람들로 붐빈다.

이처럼 인도에 소비 붐이 이는 것은 경제가 빠르게 성장하면서 인도인들의 소득이 높아지기 때문이다. 특히 IT산업 종사자들의 소득이 크게 늘고 있는 것이 주 원인이다.

IT기업 신입사원 초봉은 2만~3만 루피(50~75만 원) 정도다. 3~4년차 과장급의 월급은 10만~20만 루피(250만~500만 원)가 예사다. 이는 몇 년 전만해도 상상할 수 없는 액수다. 그만큼 IT기업 임금상승률이 빠르다는 것을 의미한다. 일반 기업 임금 상승률은 잘 해야 연간 10%대다. 그러나 IT분야 임금상승률은 30~40%다. IT 임금이 하늘 높은 줄 모르고 치솟고 있는 것이다. 의약품 분야 임금상승률도 매우 높다. 평균 10~20%대에 이른다.

인도인들의 구매력과 소비가 급증함에 따라 월마트, 카르푸 등 글로벌 유통 업체들이 인도 시장에 군침을 흘리고 있다. 인도가 중국을 능가하는 세계 최대시장으로 떠오를 조짐을 보이자 이를 선점하기 위한 다국적 유통업체들의 움직임이 본격화한 것. 그러나 현재 외국 유통업체의 인도 소매시장 직접 진출은 금지되어 있어 이들은 인도 소매시장 개방을 위해 로비 등 치열한 각축을 벌이고 있다.

세계 1위 유통업체인 월마트는 2006년말 인도 통신업체인 바르티그룹과 손은 잡고 인도시장 진출을 선언했다. 프랑스 카르푸도 종합 쇼핑몰 운영업체인 랜드그룹과 제휴해 진출을 추진중이다. 한국 롯데마트도 인도진출을 위해 현지 협력사를 물색하고 있다.

소매시장에 비해 도매시장은 100% 외국인 직접투자가 허용되어 있다. 인도 도매시장에는 독일 메트로가 진출해 있고, 미국의 코스코(Costco)와 프라이스마트, 네덜란드의 마크로 등이 조만간 진출 예정으로 있다.

인도 중산층 소득은?

경제발전에 따라 인도 중산층이 최근 빠른 속도로 늘어나고 있다. 과연 인도 중산층은 정확히 어느 정도나 될까. 중산층 인구 파악은 매우 중요하다. 상품을 살 수 있는 구매력 인구를 가늠해 볼 수 있기 때문이다. 인도 중산층은 주장하는 사람과 기관에 따라 천차만별이다. 누구는 3억 명이라 하고, 어떤 이는 불과 수천만 명에 불과하다고 주장한다. 소득 기준을 얼마로 하느냐에 따라 중산층 숫자가 크게 달라진다.

오토바이 구매 가능 인구 3억 명

인도 정부는 인도 중산층이 3억 명이라고 한다. 미국 전체 인구(2억 9,800만명)를 웃도는 거대한 숫자다. 카말 나스 인도 상공장관도 필자와의 인터뷰에서 이를 직접 확인했다. 인도 중산층이 3억 명이라고 할 때 소득 기준은 연간 2,000달러를 넘는 사람들이다. 세계은행이 평가한 2006년 인도의 1인당 국민소득(GNI)이 700달러이니 그 3배 이상의 소득을 가진 사람들을 중산층이라고 부르는 셈이다. 우리 돈으로 치면 연간 소득이 200만 원이 넘는 사람들이다. 매달 20만 원이 채 안 되는 돈이지만 인도 정부는 인도의 물가 수준이 낮기 때문에 이 정도도 구매력이 있는 중산층이라고 말한다.

반면 뉴델리 소재 인도국가경제연구소(NCAER)는 인도 중산층을 5,600만 명 정도로 추산하고 있다. 3억 명이라는 인도 정부의 주장에 비해 5분의 1도 안 되는 숫자다. 왜 이런 차이가 생기는 걸까. 이 연구소의 분석을 좀 더 자세히 살펴보도록 하자.

NCAER은 인도 중산층을 연 소득 4,400~2만 2,000달러를 버는 사람들로 정의하고 있다. 이들은 인도에서 한 해 동안 판매되는 신규 승용차의 60% 정도를 구매한다고 한다. NCAER은 또 중산층 외에 '상승층(Aspirers)'을 따로 구분하고 있다.

상승층은 연 소득 2,000~4,400달러인 사람들로 그 규모가 약 2억 2,000만 명에 달하는 것으로 이 연구소는 추정했다. 이들 상승층의 소비 수준은 비록 중산층보다 못하지만 고가품인 모터사이클, 냉장고, 컬러텔레비전 등에 대한 구매력을 갖춘 신흥 소비층으로 간주되고 있다. 상승층과 중산층을 합하면 약 2억 7,600만 명으로 인도 정부가 주장하는 중산층 규모인 3억 명에 육박하게 된다.

NCAER은 이들 상승층과 중산층이 최근 인도 소비를 주도하고 있다면서 이들 인구 규모는 오는 2010년 5억 명에 이를 것으로 전망하고 있다.

윤효춘 KOTRA 뭄바이 무역관장도 최근 인도에는 연봉 5만~6만 달러를 받는 최고급 정보기술(IT) 인력이 급속도로 늘어나고, 해외 취업 인도인들이 인도로 송금하는 외화가 급증하면서 신흥 중산층도 빠른 속도로 증가하고 있다고 진단했다.

충분한 사전 조사 후 인도에 오라

최정일 대사

"인도가 뜨고 있다는 분위기에 편승하면 안 됩니다. 충분한 사전 조사가 필요하지요."

최정일 인도 주재 한국대사는 국내 기업의 인도 진출 전망에 대해 "중소기업은 자금과 인력이 부족하기 때문에 인도 시장 진출에 주의해야 한다"면서 사전에 철저한 시장조사를 당부했다.

인도는 상위 5%의 나라

최 대사는 "인도가 잠재력이 매우 큰 시장이며 지속적으로 발전하고 있지만 외국기업이 사업하기는 쉽지 않은 환경"이라고 말했다.

영국 식민지 시절부터 뿌리내린 상거래 관행, 까다로운 세제와 무거운 세금, 지독한 관료주의, 정리해고도 쉽지 않은 노동법 등 걸림돌이 곳곳에 숨어있다는 것이다.

그러나 최 대사는 인도는 앞으로 중국보다 한층 매력적인 시장이 될 것이라고 평가했다. 그는 인도가 중국보다 나은 점으로 10억이 넘는 인구가 이뤄가는 세계 최대의 민주주의, 미국을 제외하면 세계 최대 영어 사용국, 중국과 같은 금융부실이 없는 점, 오래 전부터 사유화된 기업 활동 등을 들었다.

그는 "인도는 정치·경제 강대국으로 부상하기 위한 발돋움을 시작했다. 거대한 기회의 땅"이라며 "향후 7~8% 성장하고 국제사회에서 발언권도 높아질 것"이라고 전망했다.

최 대사는 인도를 '상위 5%의 사회'라고 규정했다. 인도의 가난한 서민만 보고 인도가 별 것 아니라고 섣불리 판단해선 안 된다는 지적이다. 뛰어난 머리와 높은 학식을 지닌 이들 상위 5% 계층이 거대한 나라를 실질적으로 이끌어간다고 했다.

이들은 영어를 자유자재로 구사하며 국제금융 등 세계 경제를 보는 시각도 탁월하다고 최 대사는 말했다. 일례로 영국 케임브리지대학 박사 출신의 만모한 싱 총리나 미국 하버드대 MBA를 졸업한 치담바람 재무장관이 그 대표적인 인물이라고 소개했다.

한국과 인도 간 외교에 대해 그는 "10여 년 전부터 경제위주로 진행됐고 지금도 아주 양호한 편"이라고 소개했다. 인도는 실용주의 외교를 중시해 실익이 없는 북한과의 외교는 거의 유명무실해지고 있다. 최 대사는 앞으로 경제분야 외에 정치·문화 등 다방면에서 활발한 외교활동이 필요하다고 말했다. 특히 인도에 '한류' 문화를 소개하는 것을 향후 역점사업으로 꼽았다.

소형차 타는 세계 10위 갑부

영국의 〈파이낸셜타임스〉는 2005년 말 '세계 갑부 25인'이라는 흥미 있는 기사를 냈다. 눈에 띈 것은 인도인이 동양인으로는 유일하게 10위 안에 들었다는 점이다.

인도의 대표적 정보기술(IT) 회사 위프로 테크놀로지의 아짐 프렘지 회장(60)이 바로 그 주인공. 그는 '투자의 귀재'로 통하는 워런 버핏(12위)이나 CNN 창립자인 미디어 재벌 테드 터너(17위) 등 세계 거부들을 당당히 제치고 갑부 순위 10위에 올랐다. 이건희 삼성 회장은 23위였다.

'인도 IT허브' 벵갈루루 소재 위프로 본사 회의실에서 프렘지 회장을 만났다. 어색한 분위기를 깨기 위해 첫 질문으로 "타고 다니는

아짐 프렘지 회장

96년 식 낡은 소형차 포드 에스코트는 잘 나가느냐"고 묻자 그는 "말썽을 많이 피워 최근 새 자동차로 바꿨다"고 대답했다. 바꾼 새 자동차는 도요타 코롤라로 역시 소형차다.

이처럼 수도승 같은 엄격하고 근검절약하는 생활태도가 그를 거부로 만든 한 요인임에 틀림없을 것이다. 그러나 큰 갑부가 된다는 것은 단순한 근검절약만으로는 충분치 않다는 생각이 들었다. 그에게 어떻게 성공했는지를 물었다.

"기업을 처음 맡을 때부터 세계 최고기업을 만들겠다는 꿈을 꾸었다. 이 꿈의 실현을 위해 지난 수십 년 동안 나 자신을 강하게 밀어붙여 왔다. 아직도 이 꿈은 진행형이다."

작은 식용유 회사를 세계적 IT기업으로 키워

그는 21세란 약관의 나이에 경영자가 됐다. 1966년 미국 스탠퍼드대 유학 중 아버지가 돌아가시자 급거 귀국해 부친이 운영하던 식용유 회사인 위프로 경영을 승계했다. 4형제 중 막내인 그가 아버지 사업을 물려받은 사연이 궁금했다. 그에게 비범한 경영 능력이 있어서였을까.

"특별한 이유는 없다. 형님들이 모두 외국에서 이미 자리를 잡아 '얼떨결에' 아버지 짐을 짊어진 것뿐이다."

그러나 주변 사람들은 그가 어려서부터 매우 침착하고 똑똑했다고 말한다. 실제로 그는 아주 과묵하면서도 예리하고 침착해 보인다. 인터뷰하기 전 회사 관계자는 프렘지 회장이 말수가 적고 답변도 짧게 하니 질문을 많이 해야 한다고 권할 정도였다. 21세라는 젊은 나이에 위프로를 맡은 그는 이후 놀랄 만한 경영수완을 발휘한다. 당시 매출 150만 달러였던 작은 식용유 회사를 연 매출 20억 달러의 세계적 IT 기업으로 키운 것. 위프로의 매출은 연평균 40% 이상 고성장을 지속하고 있고 시가총액은 160억 달러(약 16조 원)로 세계 4위의 IT서비스기업이다.

경영방침이 무엇이냐는 질문에 그는 "가치를 창출하는 기업이 되는 것"이라며 "이를 위해 위프로는 품질(quality)과 성실성(integrity)을 가장 강조하고 있다"고 말했다.

"품질경영은 고객에게 최상의 제품과 서비스를 제공하는 것이고, 성실경영은 본인을 포함해 직원 모두 성실하고 정직한 사람이 돼야 한다는 것이다."

'품질경영' 트레이드 마크

그의 품질경영은 유명하다. 그는 식용유 생산을 본업으로 할 때부터 직원들에게 품질경영을 귀에 못이 박히도록 강조했다고 한다. 따라서 위프로가 국제공인 소프트웨어 기술 표준인 CMM 최고 등급(5등급)을 세계 최초로 받고, 또 세계 최초로 인재 표준인 CMMI 최고 등급(5등급)을 받았으며, 무결점 운동인 식스 시그마를 도입한 인도 최초 회사란 사실이 우연이 아니다.

성실경영도 그의 트레이드마크다. 그는 직원들의 능력보다 더욱 중요한 것은 성실성이라는 확고한 믿음이 있다. 몇 년 전 직원 중 최고 실적을 올리는 영업사원이 거짓말을 해 바로 해고된 것이 이를 보여주는 단적인 사례다.

프렘지 회장은 인도의 대표적인 성공 신화다. 그래서 '인도의 빌 게이츠'로 통한다. 사실 둘은 비슷한 점이 많다. 소프트웨어산업으로 기업을 일으켰다는 점이 그렇고, 다니던 대학을 도중에 그만두었다는 점도 마찬가지다. 잘못된 관습이나 우상을 거부한다는 점도 유사하다. 프렘지 회장은 뇌물이나 정치 자금을 제공하지 않는 것으로 유명하다. 인도도 정치인에게 잘못 보이면 사업하는 데 치명적이다. 이에 대해 그는 "나름대로 옳다고 믿는 신념으로 살아왔다. 이런 생활자세는 앞으로 변함이 없을 것"이라고 밝혔다.

'스크루지' 모습을 한 산타클로스

기업의 사회적 책임에 적극적이란 점도 그와 게이츠 회장을 비교 선상에 놓는 중요 한 이유다. 게이츠 회장이 국민건강지원에 역점을 둔다면 프렘지 회장은 초등교육에 대한 열정이 대단하다. 인터뷰 중에도 초등교육 문제가 나오자 목소리가 높아진다.

"나라가 발전하기 위해선 질과 양적으로 우수한 초등교육을 제공해야 한다. 인도는 이런 면에서 한참 뒤져 있다. 위프로는 아짐프렘지재단을 만들어 이 문제 해결에 일정한 기여를 하고 있다."

아짐프렘지재단은 전적으로 그가 재정지원을 한다. 매년 500만 달러 (50억 원)를 출원한다. 이에 따라 인도 전역에서 한해 200만 명 이상 어린이가 혜택을 받고 있다고 한다. 그는 장성한 두 아들을 두고 있다. 한 명은 하버드대를 나와 런던에서 베인&컴퍼니 컨설턴트로 근무하고 있고, 다른 한 명은 아짐프렘지재단에서 일한다고 했다. 올해 61세인 프렘지 회장의 후계가 궁금했다.

"아직은 현장에서 일할 때라고 생각한다. 아들이라 해서 자동으로 후계자가 되지는 않는다. 위프로에는 이사회 등 공정하고 투명한 후계자 선정 절차가 있다. 후계자는 회사의 모든 사원이 대상이 될 수 있다. 물론 내 아들도 포함된다."

프렘지 회장에 대한 가장 큰 비판은 자산을 나누지 않는다는 점에 맞춰져 있다. 그는 위프로 주식 중 80% 이상을 소유하고 있고 사원

프렘지 회장은

1949년 7월 24일 출생. 1966년 미국 스탠퍼드대 유학중 갑자기 아버지가 세상을 떠나 급거 귀국해 부친이 운영하던 위프로 경영을 승계. 당시 매출 150만 달러였던 작은 식용유 회사를 연 매출 20억 달러의 세계적 IT서비스기업으로 키움. 이슬람교도인 그는 대학 중퇴 후 30년 만에 공부를 다시 시작해 스탠퍼드대에서 학사학위를 받음. 2001년 공익재단인 '아짐프렘지재단'을 설립해 인도 초등교육 지원.

벵갈루루 소재 위프로 테크놀로지 본사 회의실에서 인터뷰를 마친 후 필자(오른쪽)와 아짐 프렘지 회장이 포즈를 취했다.

들에 대한 스톡옵션 제공도 인포시스 등 경쟁 기업에 비해 적다. 그래서 일부에서는 그를 찰스 디킨스의 소설에 나오는 구두쇠 영감 스크루지에 비교하기도 한다.

이런 비교에 대해 그는 "과장됐다. 아주 많이 과장됐다"며 불편한 심기를 드러냈다. 나름대로 기업의 사회적 책임에 열심인 자신을 구두쇠라고 비판하니 듣기 좋을 리 없었을 게다.

'스크루지 외형을 한 산타클로스(?)' 인터뷰를 마치고 나오며 드는 그에 대한 인상이다.

인도 기업인의 '노블리스 오블리제'

일전에 중견 기업인들과 식사를 하던 중 우연히 '기업의 사회적 책임'에 대한 얘기가 나왔다. 자연스레 우리 기업인들이 서구 기업인들에 비해 사회적 책임에 너무 소홀하지 않으냐는 지적이 제기됐다. 그러자 함께한 몇몇 기업인이 이에 거부감을 토로했다. 미국 등 잘 사는 선진국과 한국은 사정이 다르다는 것이다. 한국은 아직 경제적으로 미진해 기업인들이 기부나 봉사, 이윤의 사회적 환원 등을 하기에는 이르다고 했다. 이런 주장에 당시 참석자들은 대체로 수긍했다. 그러나 〈매일경제〉에 연재된 '질주하는 인도' 시리즈 취재를 위해 2005년 말 인도를 방문한 필자는 이런 주장이 근거가 약하다는 사실을 발견했다. 1인당 국민소득이 700달러에 불과한 후진국 인도에도 이윤의 사회환원과 사회적 책임에 철저한 기업인들이 아주 많았기 때문이다.

인도 중부에 위치한 안드라프라데시주 TV와 신문에는 최근 특이한 광고가 연일 게재됐다. '비상·응급 시에는 108을 돌리세요'란 우리의 119 같은 서비스를 알리는 광고다. 이를 보고 처음에는 공공단체에서 하는 공익광고이겠거니 하고 무심코 지나쳤다. 그러나 그게 아니었다. 이는 정부가 아닌 사티암이라는 사(私) 기업이 하는 홍보 광고였다. 이 회사 라마링가 라주 회장은 자사의 우수한 테크놀로지를 활용해 봉사하고자 주도(州都)인 하이데라바드에 2005년 8월 비상관리연구소(EMRI)라는 시민 재난대책센터를 출범했다. 위급한 환자나 화재, 강도 등 긴급상황이 발생했을 때 연락자의 정확한 위치와 정보 등을 첨단 컴퓨터 망을 통해 경찰이나 병원, 소방서 등에 실시간으로 알려주는 역할이다.

센터 설치에만 800만 달러(80억 원)가 들었다. 250여 명의 운영 요원 월급과 40여대 앰뷸런스 운영비용도 모두 회사가 부담한다. 다른 나라 같으면 정부가 할 일을 여력이 안돼 사기업인 사티암이 대신 수행하고 있는 것. 현재 하이데라바드를 중심으로 5개 시에 1,000만 명이 이 혜택을 받고 있고 점차 다른 지역으로 확대되고 있다.

인도의 또 다른 저명 IT회사인 인포시스의 나라야나 무르티 회장도 기부 등 사회적 책임에 매우 적극적이다. 1996년 설립된 인포시스재단은 전국 공립학교에 1만개가 넘는 도서관을 세워 컴퓨터와 책 등을 기부했다. 특히 무르티 회장

은 불과 수만 달러의 연봉만 받으면서도 한번에 수백만 달러씩 교육기관과 빈민구제 단체에 기부하는 것으로 유명하다. 위프로의 아짐 프렘지 회장도 매년 자비 500만 달러를 출원, 인도 전역에서 한 해 200만 명의 어린이가 혜택 받고 있다.

또 타타그룹은 인도인이 자랑하는 민족기업이다. '사회로부터 얻은 것은 사회로'가 사시(社是)인 타타는 재난·빈민구제, 교육, 의료, 예술, 지원 등 인도 사회 거의 모든 분야에 걸쳐 사회적 책임을 다하고 있다.

인도는 우리보다 훨씬 못사는 후진국이다. 그럼에도 인도 기업인은 이처럼 사회적 책임 실행에 매우 적극적이다. 우리 사회에서 기업인들이 진정으로 대접받고 존경받으려면 사회적 책임 등 '노블리스 오블리제(가진 자의 도덕적 의무)'를 실천하는 기업인이 많이 나와야 하지 않을까. 권위란 자신의 책임과 의무를 다할 때 비로소 생겨나는 것이다.

한국산 제품 명품으로 통해

인도에서 한국산 제품은 명품으로 통한다. 아래 LG전자 사례는 인도에서 한국 기업 브랜드 위상이 어느 정도인지를 실감나게 보여주고 있다.

2년 전 인도 뉴델리 KOTRA 무역관에 한국 직원이 새로 부임했다. 이 직원은 인도에서 몇 년간 근무하다가 한국으로 귀국한 LG전자 직원이 고용했던 인도인 하인을 그대로 채용했다.

이 인도 하인은 어느 날 KOTRA 직원이 전자레인지를 구입하려는 사실을 알고 한 가지 제안을 했다. 자신이 상태가 좋은 중고 LG 가스레인지(오븐)를 갖고 있으니 원하면 2만 8,000루피(67만 원)에 팔겠다는 것이다. 당장 사면 2만 5,000루피(60만 원)에 줄

수 있다고 했다.

이 말을 들은 KOTRA직원은 어이가 없었다. 백화점에서 판매되는 비슷한 형태의 이탈리아산 새 가스레인지 가격이 2만 3,000루피(55만 원)에 불과했기 때문이다.

KOTRA 직원은 "3년이나 된 한국산 중고 오븐이 어떻게 이탈리아제 새 제품보다 비싸냐"고 물었다. 그 하인은 KOTRA 직원의 반응이 이해가 안 된다는 듯이 가스레인지를 가리키며 항변했다. "이건 LG제품이잖아요, LG요." 비록 중고품이긴 하지만 LG제품이므로 이탈리아산 새 제품과 비교가 되지 않는다는 말이었다.

이처럼 인도에서 LG전자와 삼성전자, 현대자동차 등 한국 제품 브랜드 이미지는 최고다. 인도 젊은 사람들은 정보기술(IT) 기업에 취직해 LG전자의 세탁기, 냉장고, 에어컨을 집에 갖춰놓고 삼성전자의 휴대폰을 들고 다니며, 현대자동차 상트로(한국명 아토스)를 몰고 다니는 게 꿈이다.

뉴델리, 뭄바이, 벵갈루루 등 대도시에는 거리를 누비는 현대자동차 상트로와 액센트(한국명 베르나)를 어디서나 쉽게 만날 수 있다.

인도 IT 산업을 취재차 인도를 방문한 〈일본경제신문(닛케이)〉 기자는 "인도 전역에 일본 제품 대신 현대자동차와 LG전자, 삼성전자 등 한국 제품이 널려있는 것을 보고 충격을 받았다"고 전했다. 해외 취재를 많이 다닌다는 그는 "미국, 유럽, 동남아 등 많은 나라에 취재 다녀 보았으나 인도처럼 한국산 제품이 거리를 메우고 있는 곳은

뉴델리 인근 그레이트 노이다에 자리잡은 LG전자 인도 공장에서 근로자들이 평면 텔레비전 제작에 열중하고 있는 모습.

처음"이라고 말했다.

김선태 인도 주재 한국대사관 홍보관은 "고이즈미 일본 총리가 2005년 초 인도를 방문할 당시 한국기업이 일본 기업을 압도하고 있는 것을 보고 놀라움을 금치 못했다"며 "그는 일본에 돌아가 일본 산업계에 인도 투자에 적극 나설 것을 촉구했다"고 전했다.

일본 기업, 한국 기업에 '쩔쩔'

과거 한국 기업은 일본 기업의 상대가 되지 않았다. 한국 기업이 일본 기업을 따라잡는다는 것은 실현 불가능한 꿈으로 여겨졌다. 그러나 2000년 이후 상황이 급속히 변했다. 삼성전자가 도시바, 파나소닉 등 일본 유력 전자업체를 제치더니 급기야 세계 최고로 통하던 소니를 잡았다. LG전자도 에어컨 등 일부 부문에서 판매량 세계 정상을 차지했다. 현대자동차도 웬만한 미국차나 일본차를 능가하는 세계적 브랜드로 명성을 날리기 시작했다.

특히 인도는 한국 대기업 브랜드가 휩쓸고 있는 대표적인 시장이다. 한국 기업들의 인도 진출은 1990년대 중반 이후 이루어졌다. 당시 인도시장은 한국 기업에는 불모지였다. 가전과 자동차시장은 인도 토종 기업과 미국, 일본 등 외국 브랜드가 장악하고 있었다. 외국 상품들이 팔리고 있긴 했지만 직접 들어와 있는 기업은 많지 않았다. 인도 정부의 정책이 일관성이 없고 외국기업에 대한 제약이 컸기 때문이다.

따라서 일본기업을 포함한 다국적 기업들은 인도시장에의 대규모 투자를 우려하고 있었다. 그러나 한국 기업들은 인도시장에 제품 생산뿐만 아니라 브랜드 이미지 확보를 위해 대규모 투자를 단행하였다. 1990년대 중후반 삼성전자, LG전자, 현대자동차 등 한국 '빅3' 기업은 인도에 9억 달러 정도를 투자했다. 요즘이야 100억 달러를 투자하는 기업도 있지만 당시로서는 위험을 무릅쓴 매우 대담한 거액 투자였다. 한국 기업들의 이 같은 모험은 성공했다.

자동차 부품기업인 TNS 사 라비 샨카르 수석부사장은 당시 상황을 실감나게 전해준다.

"인도 정부는 지난 1990년대 중반 인도 자동차 산업에 외국인이 쉽게 진출할 수 있도록 규정을 대폭 개정했다. 그러나 한번 인도 정부의 정책에 손을 데었던 일본 기업들의 행동은 느렸다. 일본 기업들은 인도시장 진출에 많은 의문을 갖고 주저하고 있었다. 반면 한국의 대우와 현대자동차, LG전자 등 한국기업은 과감히 앞서 나갔다. 당시 한국 기업들의 진취성이 매우 돋보였다. 특히 한국 기업은 인도가 미개발 잠재시장이라는 것을 확인하고 세계시장에 내놓던 최신기술과 최신제품을 인도에 들고 왔다.”

그러나 한국 기업들이 인도에서 성공한 것은 단지 최신제품만을 도입한 것 때문만은 아니다. 한국 기업들은 인도 소비자들의 구미에 맞는 디자인과 가격, 품질을 갖춘 현지화 된 제품을 공급하였다.

한국 기업들이 인도에 진출해 이룬 가장 큰 성취는 ‘한국산은 명품’ 이라는 이미지를 심은 것이다. 따라서 다른 한국 기업이 인도에 진출하더라도 성공할 가능성이 높다.

‘인도 최고 명품’ 실현한 LG전자

지난 1997년 인도에 진출한 LG전자는 한국 기업의 대표적 ‘성공신화’ 다. 한국 기업의 불모지인 인도에서 10년도 채 안 되는 기간에 최고의 기업으로 우뚝 섰기 때문이다.

LG전자 명함이면 불심검문도 OK

인도에서 LG전자의 명함은 일종의 신용카드다. 식당 예약을 할 때나 심지어 경찰의 불심검문을 받을 때도 LG전자 명함을 보여주면 통한다고 한다. 인도 국민들 사이에서 LG전자 제품은 확고한 명품으로 자리를 잡았기 때문이다.

LG전자 제품의 인도 시장 점유율은 이를 여실히 방증해준다. 2005년도 인도 가전제품 시장에서 LG전자는 컬러텔레비전(26.5%), 세탁기(34.7%), 냉장고(29.7%), 에어컨(41.1%), 전자레인지(40.1%) 등 무려 5개 부문 선두를 차지했다. 휴대폰은 노키아에 이어 2위를 달리고 있다. 때문에 인도 대도시 어디를 가나 LG로고가 달린 에어컨이나 냉장고, 텔레비전 등을 쉽게 발견할 수 있다.

뉴델리 시내 LG휴대폰 매장에서 만난 한 델리대학생은 "요즘 대학생들 사이에서 휴대폰 갖기 붐이 일고 있다"면서 "LG 휴대폰은 성능도 좋고 디자인도 예쁘다. 국내 제품은 물론 노키아 등 다른 외국제품보다 훨씬 선호한다"고 강조했다. 그럼에도 노키아가 더 많이 팔리는 이유는 단지 값이 더 싸기 때문이라는 것.

LG전자 공장은 뉴델리 인근 그레이트 노이다(Great Noida)란 공단 내에 자리 잡고 있다. 공장에 들어서면 공장 건물을 따라 녹색의 물결을 만난다. 야자수와 푸른 잔디가 넓게 깔려있기 때문이다. 이곳에는 인공 폭포와 분수 등이 경관을 아름답게 살려주고 있고, 다른 한 편에는 공작, 토끼, 오리 등 조그만 동물원이 방문자의 발길을 잡는다. '녹색공장'을 실현하기 위한 노력의 일환이다. 인도 제조업 공장에 이처럼 나무가 많은 곳은 흔치 않다고 한다.

김광로 LG전자 인도 법인장. LG전자는 컬러 텔레비전, 전자레인지, 세탁기, 냉장고, 에어컨 등 부문에서 인도 가전시장을 휩쓸고 있다.

LG전자 노이다 공장 부지는 6만평 정도로 LG전자 창원공장과 엇비슷하다. 여기에다 지난 2003년 영업이익금 5,000만 달러를 들여 뭄바이 인근 산업도시인 푸네에 제2공장을 세웠다. 2005년 초에는 인도에서는 처음으로 푸네 공장에 휴대폰 생산라인도 설치했다. 중국 칭다오(靑島)에 이어 두 번째 글로벌 휴대폰 생산기지로 활용하고 있다. 총 종업원 수는 1, 2공장 모두 합해 3,000여 명. 정보기술(IT) 도시인 벵갈루루에 소재한 소프트웨어 연구개발(R&D) 센터에는 650여 명의 사원이 근무하고 있다.

LG전자의 설립 자본금은 3,000만 달러이나 2005년 한 해 동안 한국으로 송금한 수익금만도 5,000만 달러가 넘는다. 또 설립 첫해 3,000만 달러에 불과했던 매출은 2005년 19억 달러로 자그마치 63

배나 늘어났다. 오는 2010년 예상 매출액은 60억 달러다. 진출 후 13년 만에 200배나 증가한 수치다. 입이 딱 벌어질 정도의 천문학적인 성장이다.

공격적 투자가 성공 비결

10년도 채 안 되는 시간에 LG전자는 어떻게 이런 놀라운 신화를 이루었을까. 김광로 LG전자 인도 법인장은 그 성공요인을 공격적 투자, 대규모 판매 네트워크 구축, 철저한 현지화 등 크게 세 가지로 요약했다.

첫째, LG전자는 1997년 인도시장에 진출할 때 무모할 정도의 공격적 투자를 했다. 경쟁사들은 대부분 합작 형태로 인도에 진출했다. 시장 불확실성이 높은 인도에 진출하기 위해선 현지 기업과 합작하는 것이 안전한 진출 방법이었다. 그러나 LG전자는 자본금을 100% 출자해 직접 투자 형태로 진출했다.

또 당시 대부분의 다른 외국 기업들은 본사가 공급해주는 모델을 거의 그대로 갖다 판매했다. 하지만 LG전자는 달랐다. 한국에서 가져온 제품은 30%에 불과했다. 나머지 70%를 인도 현지에서 만들었다. 또 인도에 맞는 제품을 만들기 위해 현지에 연구개발(R&D) 센터도 설치했다. 당시는 인도 현지에 R&D센터를 세우는 외국기업은 아주 드물었다.

김 법인장은 "10여년 전 인도에 LG전자처럼 R&D센터 등 대규모로 투자한 곳이 없었다"면서 "연구개발센터를 두고 현지에 맞는 제품을 생산하는 기업과 그렇지 않은 기업 중 누가 이기겠는가"라고 반문했다.

둘째, LG전자는 판매 네트워크 확장에 남다른 공을 들였다. 유통망이 발달하지 않은 인도에서 제품을 팔기 위해선 직영 판매망 설치가 급선무라고 판단했기 때문이다. 인도는 남한의 33배에 달하는 거대한 나라다. 판매 전망이 불투명한 상황에서 많은 돈과 인력을 투자해 그 넓은 전국 곳곳에 판매망을 둔다는 것은 거의 불가능한 일이었다. 그러나 LG전자는 그렇게 했다. 인도 곳곳에 지사와 직영 영업소를 뒀다. 지사가 50여 곳, 영업소 80여 곳, 영업망이 180여개에 이른다.

김 법인장은 "이처럼 전국 방방곳곳에 거미줄처럼 촘촘한 판매망을 둬 운영한 곳은 외국기업은 물론 인도 현지기업 조차 없었다"고 회고했다.

인도인을 믿고 맡기는 전략 적중

셋째는 철저한 현지화 전략. 이는 LG전자가 성공한 가장 중요한 요인으로 평가받고 있다. LG전자의 현지화 전략 중에서도 으뜸은 직원의 현지화다. 3,000여 명의 인도 LG전자 법인 직원 중 한국인은 고작 22명뿐이다. 나머지 2,980명이 모두 현지인들이다. 게다가 조직에서 직급을 갖고 있는 한국인은 김 법인장과 한 두 명의 부사장 등 극소수에 불과하다. 이들을 제외한 나머지 한국인은 자문관(어드바이저)으로서 현지인들의 업무를 도와주는 역할에 그친다.

김 법인장의 말을 들어보자.

"기업이 성공하려면 사람을 움직여야 한다. 그런데 사람을 움직이는 것은 문화라고 생각했다. 그래서 현지인들에게 좋은 문화를 만들어주는데 가장 중점을 뒀다. 그것은 구체적으로 현지 종업원을 믿고 맡기는 것이다. 현지인 스스로 결정하고 책임지게 하고, 이를 평가해 뛰어난 사람에게는 인센티브를 주고 부진한 사람에겐 그에 합당한 제재를 가했다. 이처럼 3,000여 명의 사원이 모두 주인이 되면 회사가 어디로 가겠는가. 당연히 성공하지 않겠는가?"

직원의 현지화와 함께 제품의 현지화도 LG전자의 성공을 가져오는데 크게 기여했다. 제품 현지화에 대한 사례는 이루 헤아릴 수 없이 많다. 우선 인도에 가면 냉장고 손잡이 부분에 열쇠 구멍이 있는 제품을 흔히 발견한다. 인도는 하인 문화가 발달해 있어 하인들이 냉장고 음식을 함부로 꺼내먹지 못하도록 하기 위한 것이다. LG전자가 창안한 아이디어다. 이 제품이 처음 출시되자 엘지 냉장고는 불티나게 팔렸다고 한다.

인도에서 에어컨, 냉장고 등 LG전자 제품은 매우 튼튼한 것으로 알려져 있다. 인도는 도로가 매우 부실하다. 비포장도로가 많고 포장이 됐다 하더라도 곳곳에 웅덩이 등 패인 곳이 많다. 이 때문에 제품 운송 시 망가지는 일이 흔하다. 이에 착안해 LG전자는 어떤 경쟁사

제품보다 튼튼히 만들어 인도인들의 마음을 사로잡았다.

인도인들이 가장 즐겨하는 크리켓 게임 프로그램을 텔레비전에 넣어 인도인들을 유혹하고, 인도 공식 언어가 7개나 되는 점을 감안해 초기 화면에 힌디어와 타밀어 등 7개 언어를 선택할 수 있도록 했다. 당시 경쟁사들은 영어와 힌두어로만 제공했다. 또 LG전자는 인도인들이 가족 모두 모여 앉아 텔레비전을 크게 틀고 보는 것에 착안해 음량을 높게 만들고, 인도에선 전기가 잘 나가거나 전압이 매우 불규칙한 점을 고려해 이에 견딜 수 있는 제품을 선보였다.

김 법인장은 "인도 시장에 이미 자리를 잡고 있던 기존 업체들은 LG전자와 거래하려는 딜러들에게 제품을 주지 않는 등 견제가 심했다"며 "그러나 인도인 입맛에 맞는 제품 개발과 서비스로 정면 돌파하자 인도인들이 마음을 열기 시작했다"고 말했다. 소니 등 경쟁사가 광고에 의존하는 소극적 방식으로 대응한 것과 판이한 전략이었다.

'인도 국민차' 된 현대자동차 신화

2006년 3월 13일은 인도 현대자동차법인(HMIL)에 두고두고 기억할만한 날이다. 인도 첸나이 공장에서 100만 대째 자동차를 출고한 날이기 때문이다. 인도에서 차를 생산한지 8년만의 일이다. 인도에서 생산을 개시한 후 10년도 안되어 1백만 대를 출고한 기록은 인도에 진출한 모든 글로벌 기업을 통틀어 현대자동차가 유일하다.

외국 기업 최초로 100만 대 생산 돌파

현대자동차는 LG전자와 더불어 인도에서 대표적인 한국 기업 성공 신화다. 2005년 현대자동차의 인도 자동차시장 점유율은 19.8%로 마르티(55.7%)에 이어 2위를 차지했다. 그러나 마르티는 현대자동차가 생산하지 않는 800cc급 경차만을 만들기 때문에 1000cc 이상 중소형차에서의 점유율은 현대자동차가 사실상 1위다.

마르티는 일본 스즈키자동차와 인도 정부가 합작해 설립한 자동차사로 현대가 인도에 진출하기 전까지는 점유율이 80%에 이를 정도로 인도 시장을 독식했다. 그러나 현대자동차로 인해 점유율이 50%대로 밀렸다. 인도 토종 자동차인 타타자동차는 18.4%의 시장 점유율로 현대자동차에 이어 3위로 처져 있다. 그 뒤를 혼다(5.0%), 포드(2.5%), 제너럴모터스(GM:1.9%), 힌두스탄(1.5%), 도요타(1.2%)등이 쫓고 있다. 세계적 자동차 회사들이 감히 엄두를 내지 못할 정도로 인도 시장에서 현대자동차가 앞서가고 있는 것이다.

현대자동차는 어떻게 10년도 채 안되는 동안에 인도 시장 점유율 2위와 100만 대 생산 돌파란 위업을 달성했는가. 그 성공전략과 성장 동력은 무엇일까.

현대자동차는 진출 초기 한국에서 외환위기를 겪으면서도 8억 달

뉴델리 시내 길거리를 질주하는 현대자동차 상트로(오른쪽). 인도 도시 어디를 가나 상트로, 소나타, 아반테 등 현대차를 쉽게 목격할 수 있다.

러에 달하는 과감한 투자와 최신 모델 판매 등 공격적인 경영을 벌인 게 성공의 비결로 꼽힌다. 이에 비해 세계 최대 자동차회사인 GM의 인도 투자액은 2억 달러에 그쳤다.

100% 단독 투자, 마르티 아성에 도전

현대자동차는 1996년 5월 인도 타밀나두 첸나이 지역에 단독법인 현대자동차 인디아(HMIL)를 설립했다. 당시 인도 자동차산업 역사상 최초의 외국인 기업 단독 투자였다.

현대자동차도 당시 다른 외국 기업과 마찬가지로 현지 기업과의 합작투자를 계획했다. 그러나 합작투자는 문제가 많다고 판단했다. 예상 합작 파트너들은 무리하게 51% 이상의 지분을 요구했다. 게다가 현지 업체와 합작한 외국인 기업들이 대부분 파트너와 갈등으로 인해 심각한 경영 문제를 안고 있었다.

일례로 마드라스(첸나이) 인근에 공장을 건설하던 포드자동차는 파트너와 의견불일치로 인해 공장건설이 지체되고 있었다. 이 같은 문제점을 인식한 현대자동차는 합작투자에서 단독투자로 투자계획을 변경했다. 대규모 단독투자에 따른 위험이 우려되었지만 급변하는 시장상황에 신속하게 대처하는 것을 보다 중시했기 때문이다.

또 중형차로 진출하려던 계획도 소형차로 바꾸었다. 당시 인도 소형차 시장은 마르티가 거의 독점하고 있었다. 이로 인해 세계 유수의 자동차 업체들은 중형차 시장으로 대거 진입했다. 1997년 당시 인도 중형차 시장은 약 30% 이상 공급 과잉 상태였다.

현대자동차는 소형차 부문에서 마르티의 아성에 정면 도전하기로 결정했다. 소형차 시장은 자동차 구입대금을 선납하고도 6개월 이상 기다려야 할 정도로 공급이 부족했다. 여기에 시장을 독점하고 있는 마르티는 1980년대의 구형모델을 생산 판매하면서 신제품 개발에 소홀히 하고 있었다. 잘 하면 마르티에 충분히 승산이 있다고 판단했다.

인도인에 맞는 자동차 개발

이를 위해 우선 인도형 자동차 모델을 개발했다. 즉 제품의 현지화를 적극 추진했다. 한국에서 판매되는 것과 동일한 최신 모델을 들여

오되 인도인의 취향과 지역 특성에 맞게 신기술과 부품을 새로 적용했다. 예를 들어 인도 소비자들의 취향을 고려하여 라디에이터, 그릴 등을 새로 디자인하고, 한여름에는 40도가 넘는 고온다습한 기후를 고려하여 에어컨 기능을 강화하고 전기배선의 내수성을 보완하였다. 평균 6명 이상이 합승하는 가족중심의 문화를 간파해 서스펜션을 강화하고 지상고를 높였다. 또 무질서한 도로상황을 고려하여 경적장치와 브레이크의 내구성 등을 강화하였다.

브랜드 인지도를 알리는 데도 큰 노력을 경주했다. 당시 현대자동차는 미국이나 유럽, 일본 자동차에 비해 인지도가 많이 떨어졌다. 이를 극복하기 위해 초기 광고에 예산을 집중 투입했다. 1998년 10월 상트로 출고에 앞서 4월부터 텔레비전, 신문, 옥외광고 등 다양한 매체에 집중적으로 광고하기 시작했다. 특히 '샤룩칸'이라는 인도 최고의 영화배우를 광고모델로 등장시켜 상트로에 대한 이미지를 강화했다.

또 전국적인 딜러망 구축에 혼신을 다했다. 현대자동차 인도법인은 뉴델리 뭄바이 캘커타 등 대도시를 중심으로 현대자동차만을 판매하는 배타적인 딜러망을 새로 구축했다. 젊고 재력이 있는 사람을 우선적으로 선정해 대도시 번화가에 판매영업소를 개설토록 했다. 이에 비해 마르티는 독점적인 시장지배력을 바탕으로 중소도시를 중심으로 광범위한 딜러망을 보유하고 있었다. 1998년 70여 개였던 인도 현대자동차 판매영업소는 판매가 급증하면서 2001년 100개를 넘어 2006년 현재 200여개의 딜러망을 갖추고 있다.

이 같은 노력 끝에 현대 상트로가 1999년 10월 출시되자 상트로는 불티나게 팔려나갔다. 상트로는 시장 진출 3년 만인 지난 2001년 1,000cc급 소형차 부문에서 단일브랜드로 판매 1위에 오른 후 줄곧 정상을 질주하고 있다. 인도의 새로운 국민차가 된 것이다. 상트로의 성공 후 잇따라 출시한 소나타와 엑센트(국내명 베르나), 엘란트라, 투싼 등도 인도 내에서 베스트셀러자동차가 되었다. 현대자동차는 지금 최고의 품질과 최고의 서비스, 최고의 가격을 모토로 인도 자동차 시장 정상에 서기 위한 노력을 계속하고 있다.

03

고민하는 인도

백화점도 정전 비일비재

인도 경제수도인 뭄바이시 북동쪽에 있는 대형 백화점인 아르몰(R Mall). 백화점 샌드위치가게에서 오후 3시 갑자기 정전이 되면서 어둡게 변했다. 엘리베이터와 에스컬레이터도 멈춰 직원들이 안에 갇혀 있는 고객들을 빼내고 있다.

가게 종업원은 "너무 걱정하지 마라. 보통 하루에 한 두 번씩은 전기가 나간다"며 태연하게 말했다. 정전 후 15분이 지나서야 전기가 들어왔다. 이런 전기사정을 고려한 듯 백화점 건물 가운데 천정은 유리창으로 만들어 햇빛이 비치도록 설계됐다.

인도의 전압은 220볼트. 그러나 전기공급이 불규칙적이어서 전압이 170~340볼트까지 바뀐다.

김규출 삼성전자 인도연구소(SISO) 소장은 "한국에서 가져온 전기밥솥이 불안정한 전압 때문에 얼마 안돼 고장났다"고 말했다.

인도의 전력부족량은 8~13%에 달하고 송전 도중 잃어버리는 누수율도 30~40%에 달하는 것으로 추정된다. 그렇다고 인도 정부에서 전력 증강을 위해 손을 놓고 있는 것은 아니다. 전력량은 매년 연평균 5.5%의 속도로 늘어난다. 그러나 문제는 수요가 공급을 능가한다는 데 있다. 경제가 급속 성장함에 따라 지난해만도 전력 수요가 12.2% 크게 늘어났다. 전력 부족이 점점 심각해지고 있는 것이다.

보다 근본적인 문제는 경제와 인구 수준에 비해 전기 공급량이 절대적으로 부족하다는 점이다. 중국의 전력 소비량과 비교해보자. 중국인들은 연간 1,247킬로와트의 전력을 사용하는 반면 인도인들은 그 절반에도 미치지 못하는 526킬로와트에 불과하다. 따라서 인도에는 전력이 들어가지 않는 곳이 많고 설사 들어간다 하더라도 하루에 기껏해야 서너 시간 동안만 전기가 공급된다.

따라서 웬만한 사업체들은 자체 발전시설을 마련하지 않으면 가동이 불가능한 형편이다. 인도 정부는 현재 56%에 불과한 가구당 전기 보급률을 2012년까지 100%로 높인다는 계획을 갖고 있으나 실현될지는 미지수다.

인도 중남부 최대 도시인 하이데라바드 인근 고속도로. 중앙분리대도 없고 절반 이상이 비포장이다. 제한속도가 20킬로미터인 곳도 있다. 인근 정보기술(IT) 단지인 '하이테크 시티'에 가는 도중 길이

인도 벵갈루루 외곽으로 빠지는 도로가 자동차와 오토바이, 오토릭셔 등으로 가득 메워져 움직이지 않고 있다. 부실하기 짝이 없는 인도 도로는 최근 늘어나는 자동차들로 인해 심한 몸살을 앓고 있다.

꽉 막혀 30분 동안 100미터도 채 나아갈 수 없었다.

차량이 막히자 많은 사람들이 내려서 걷기 시작했다. 명색이 '고속도로(highway)'란 곳에 사람뿐 아니라 소, 개, 낙타 등 동물들도 마구 섞여 다닌다.

도로사정이 열악하다 보니 교통질서는 먼 나라 얘기다. 차량 뒤편에는 '경적을 울려주세요(Horn Please)'라고 쓰여 있다. 앞서 가려면 뒤에서 경적을 울리라는 얘기다. 이 때문에 도심에선 2~3초에 한 번씩 '빵빵'하는 시끄러운 소리를 들어야 한다.

취재팀 운전기사인 마두 세구(48)씨는 "인도에서 운전은 비디오 게임"이라면서 "잠시라도 한 눈을 팔면 사고가 난다"고 말했다.

인도 정부가 4대 도시를 연결하는 연장 5,952킬로미터에 달하는

‘평행사변형 고속도로(Golden Quadrilateral Highway)’ 등을 건설하고 있지만 도심 도로 사정 개선은 아직 멀었다.

김광로 LG전자 인도 법인장은 “열악한 도로 사정 때문에 선진국보다 물류비용이 2~3배가 든다”며 “이로 인해 제품을 튼튼하게 만들어야 하고 포장에도 특별히 신경써야 한다”고 고충을 토로했다.

열악한 인프라, 경제 성장에 덫

인도는 큰 잠재력을 지녔지만 외국인들이 기업 활동을 하려면 수많은 난관에 부딪히게 된다.

기업가들이 정부 고위 관료를 만날 때마다 요청하는 것도 바로 열악한 인프라의 개선이다. 인도가 1991년 경제개방을 한 이후 여러 노력을 하고 있지만 한국 수준에 이르려면 상당한 시간이 필요할 것으로 보인다.

이와 관련해 다국적 투자은행인 모건스탠리는 보고서를 통해 인도가 인프라스트럭처 개선을 위해 특단의 조치를 취하지 않으면 경제 성장에 지속적 장애를 겪을 것이라고 경고했다.

보고서에 따르면 중국은 전력, 도로, 공항, 항구 및 통신 분야에 매년 국내총생산(GDP)의 10% 정도를 투자하고 있으나, 인도는 GDP의 3~4%만을 투자한다고 비판했다. 체탄 아야 모건스탠리 분석가는 인도가 8~9%의 경제성장률을 달성하려면 적어도 매년 1,000억 달러는 투자해야 하나 200억 달러 정도에 그치고 있다면서 문제

뭄바이 슬럼가에 자리잡고 있는 세계 최대 규모 공동 빨래터인 도비 가트(Dhobi Ghat). 이 빨래터에서 일하는 사람들은 대개 옛날부터 신분이 상속되어 내려오는 천민들이다.

는 가까운 시기에 인프라 투자가 획기적으로 늘 가능성이 적다는 사실이라고 우려했다.

인도가 인프라 투자에 인색한 것은 여러 사정이 있다. 첫째, GDP의 8%에 달하는 재정적자로 인해 정부 재정지출을 늘릴 수 없는 구조적인 어려움이 있다. 둘째, 1990년대 중반 이후 연립정부 구성으로 인해 정당 간 이해상충과 정부의 의지부족으로 인프라 투자와 같은 정부지출이 지속적으로 삭감돼 왔기 때문이다. 셋째, 정치적 간섭으로 인해 인프라 개발비용을 보전하는 이용료가 왜곡돼 있기 때문이다. 전력요금의 경우 농촌에는 무상으로 제공하는 대신 공업용 단가는 높이는 것이 일상화돼 있다.

열악한 인프라 외에도 관료들의 부정부패와 경직된 노사관계, 극심한 종교갈등도 외국 투자자들의 발목을 잡는 중요한 요인이다.

'인도 IT허브' 벵갈루루의 신공항건설 문제는 관료주의를 보여주는 대표적인 사례다. 2005년 여름 공사에 착공한 신공항은 공항 건설이 결정된 뒤 공사를 시작할 때까지 10년이 넘게 걸렸다.

벵갈루루 공항은 세계적인 IT기업들이 앞 다퉈 진출하며 1990년대 중반부터 신공항 문제가 거론됐다. 그러나 입지 선정을 놓고 정치권과 지방정부, 중앙정부가 기나긴 줄다리기를 했다.

민주주의와 발달된 지방자치제는 장점도 있지만 이면에는 업무 추진력을 떨어뜨리는 요인으로도 작용한다.

부정부패 심각… 뒷돈 거래 5조 원 규모

공무원, 교통경찰, 정치인 등 공공부문에 퍼진 부정부패도 심각한 수준이다. 반 부패감시투명 국제기구가 최근 발표한 바에 따르면 인도는 세계 159개국 중 88번째로 부패가 만연한 나라로 지목됐다.

부문별로는 경찰, 법원, 건물등기소가 나란히 수위를 차지해 일반적으로 알려진 경찰의 뇌물수수가 일상화돼 있음을 보여주고 있다. 주 별로는 남부 케릴라주의 부패가 가장 낮은 반면 소득 수준이 가장 낮은 걸로 알려진 비하르주는 부패가 가장 높은 곳으로 지적됐다.

실제로 뭄바이 교통당국에 국제운전면허 교부를 위해 신청서를 접수한 후 정상적으로 갱신되기 까지 2개월이 소요된다. 그러나 담당 공무원에게 뇌물을 주면 신청 다음날 발행되는 것이 관례다. 기업인이 상품 수입 시 세관원들은 평균 관세가 34%로 높은 점을 이용, 무자료 통관 및 관세를 납부하지 않은 조건으로 관세 액의 절반 정도를 뇌물로 바치게 하는 것도 일상화됐다고 한다. 이처럼 인도 공무원의 부패는 아직도 매우 심한 편이다.

뭄바이에서 만난 한국 사업가는 "세관 공무원에게 뒷돈을 주지 않고서는 수입물품을 제때 가져오기 힘들다"며 "특히 음식물은 금방 상하기 때문에 어쩔 수 없이 뒷돈을 제공한다"고 말했다.

기세명 KOTRA 뉴델리 무역관장은 "현지 언론보도에 따르면 연간 뒷돈 거래 규모가 50억 달러(약 5조 원)에 달한다"고 설명했다.

도로 건설공사도 공무원들의 뇌물요구로 차질을 빚고 있는 것으로 알려졌다. 2년 전 도로공사를 맡은 한 엔지니어가 건설계약과 관련된 뇌물과 사기를 폭로한 뒤 무장세력에 의해 살해된 사건은 뿌리 깊은 부정부패 고리를 보여준다. 고속도로 건설 현장에도 공산당 등 극좌 정당과 무장한 마피아들이 나타나 채용이나 뒷돈을 요구하는 사례도 종종 언론에 보도된다.

조직폭력배와 연계된 현지 주민들의 각종 요구도 기업 활동의 걸림돌로 작용하고 있다. 뉴델리 인근 신 산업 단지인 노이다 지역에 자리한 LG전자 인도 공장에서 있었던 일. 몇 년 전 총으로 무장한 조직 폭력배들이 주민들과 함께 나타나 LG전자에 현지 주민의 채용을 늘려달라고 요구했다.

강호섭 인도 LG전자 부장은 "당시 잘 설득해 무마하긴 했지만 당시 상황을 생각하면 지금도 등골이 서늘하다”고 말했다.

또 경직된 노사관계와 일부의 반 외국기업 정서도 문제점으로 지적된다. 인도에서 기업들의 정리해고는 현실적으로 매우 어렵다. 운전기사 한 명을 해고하기도 쉽지 않다. 오랫동안 고용 안정을 보장한 사회주의 분위기 탓이다. 정리해고가 쉽지 않기 때문에 기존 공장을 놔두고 우수 인력을 뽑기 위해 새로운 공장을 다른 곳에 짓기도 한다.

이런 이유로 세계경제포럼(WEF)은 인도의 노동유연성을 조사대상 102국 중 96위로 낮게 평가하기도 했다.

상상을 초월하는 빈부격차

인도에 취재 갔을 때 뉴델리에 사는 인도 부자 집을 방문할 기회가 있었다. 집주인은 인도 재계 4~5위를 다투는 RPG그룹의 이사였다. 인도 최고 부자 그룹에 들지는 않지만 상류층임에는 분명했다. 인도 상류층들은 어떻게 사는 지 궁금하던 차에 이를 확인할 수 있는 좋은 기회였다.

대문에 들어서는 순간 깜짝 놀랐다. 대문에서 현관까지 거리가 100미터는 족히 되었고, 현관까지 가는 길 양쪽에는 갖가지 석상과 야자수들로 장관을 이루고 있었다. 집안이 마치 대규모 조각공원 같았다. 또 수천 평은 족히 될만한 정원 한 쪽에는 커다란 수영장이 파란 물빛을 내뿜고 있었고, 인근에는 작은 골프장과 테니스장이 자리 잡고 있었다. 집이 아니라 공원이나 캠퍼스, 스포츠센터 같은 느낌이다.

집에는 운전수, 정원수, 경비원, 가정부 등 일하는 사람이 이곳저곳에서 북적북적 댄다. 적어도 수십 명은 되어 보였다. 집안도 온통 대리석과 인도 전통 그림으로 장식되어 있고, 방은 수십 개는 되는 듯했다. 놀라 벌어진 입을 다물 수 없었다. 인도 부자들이 잘 산다는 얘긴 들었지만 이 정도까지 일 줄이야.

벵갈루루에선 한국 대기업 부장급 주재원이 세 들어 사는 한 아파트에 초대되었다. 아파트 겉모습은 평범했다. 그러나 내부는 달랐다. 40평 정도 되는 아파트였는데, 이 역시 바닥과 벽이 온통 대리석으로 치장돼 있었다. 아파트가 참 좋다고 칭찬하는 필자에게 그는 집 구경을 더 하자고 했다. 아니 볼 것 다 보았는데 또 무엇을 보느냐고 했더니 그는 필자를 2층으로 안내했다. 복층 아파트였다. 그 곳도 온통 대리석판이다. 대리석 모양은 아래층보다 더 화려하고 다양하다.

놀란 필자를 그는 이제 3층으로 안내했다. 총 3층 아파트였다. 3층으로 된 아파트는 처음 보았다. 3층은 1, 2층과는 다른 색깔과 모양의 대리석으로 아름답게 꾸며져 있었다. 어안이 벙벙했다. 한국의 웬만한 아파트는 비교가 되지 않았다. 후진국 인도의 아파트가 어찌 이처럼 호화로울 수 있을까. 이런 아파트에 누가 사느냐고 묻자 그는

아시아 최대 빈민가인 뭄바이 다라비(Dharavi). 다라비에는 한 때 500만명 이상의 빈민
이 거주했으나 인도 정부의 적극적인 철거 정책으로 최근에는 거주 빈민 숫자가 점차 줄어
수십만명 정도인 것으로 알려져 있다.

주로 대체로 중산층이 산다고 했다. 인도 부자들은 주택을, 중산층은
아파트를 선호한단다.

아시아 최대 빈민촌 중 하나인 뭄바이 다라비(Dharavi) 슬럼가.
2000년 처음 인도를 방문할 때 그 처참한 가난에 충격을 받았던 곳
이다. 이곳에는 시골 한 구석에 쳐 박혀 있는 버려진 화장실이나 토
굴 같은 집들이 끝 모르게 게딱지처럼 늘어서 있다. 누군가는 이곳을
공동묘지 같다고 표현했다. 이 집들은 2~3평 정도 크기에 대개 한
가족이 모여 산다. 전기나 수도 등도 제대로 갖춰지지 않았고, 어두
컴컴한 것이 정말 공동묘지 같다는 생각이 든다. 겉보다 안을 들여다
보면 처절한 참상에 눈물이 절로 난다. 인도가 아닌 한국에 태어난
것이 정말 다행이라는 생각도 든다.

이처럼 인간의 풍요와 빈곤이 극적으로 대비되는 곳이 인도 말고 또 있을까. 아프리카를 비롯해 동남아시아, 중남미 등 전 세계 많은 국가를 다녀보았지만 인도처럼 빈부격차가 심한 곳은 흔치 않다. 가난한 나라는 소수 부자를 제외하곤 대부분이 가난하게 산다. 인도같이 천국과 지옥처럼 극빈과 풍요가 공존하는 곳은 드물다.

인도는 후진국이면서도 세계 갑부 순위에선 항상 선두권을 유지하는 나라다. 2005년 포브스(Forbes)가 발표한 재산 10억 달러 이상인 거부들 명단에 인도는 12명이나 명단을 올렸다. 거부 보유국 순위 세계 8위다. 개인당 국민소득이 약 700달러로 세계 최빈국 중 하나인 인도가 갑부 숫자는 금메달감이다. 2006년에는 10억 달러 이상 보유한 인도 갑부 숫자가 23명으로 한 해 동안 13명이나 더 늘어났다. 세계 갑부 순위도 6위로 뛰어올랐다. 특히 인도 억만장자 23명은 총 990억 달러의 재산을 보유해 아시아에서 1위다. 미국에 이어 세계 2위 경제 대국인 일본의 억만장자 보유재산(670억 달러)보다 많다.

반면 하루 1달러 이하의 돈으로 생계를 꾸려가는 극빈층은 자그마치 2억 6,000만 명이다. 2005년 세계은행 통계다. 우리나라 5,000만 전 국민의 5배가 넘는 거대한 인구가 절대빈곤에 시달리고 있는 것이다.

다시 2005년 포브스 통계를 인용해보자. 10억 달러 이상 재산을 보유하고 있는 인도 거부들의 평균 재산은 인도 1인 당 국민소득의 900만 배에 달한다. 세계 최고다. 즉 부자 한 명이 900만 명의 연간 소득을 가지고 있는 셈이다. 한국으로 치면 갑부 5명 정도가 전체 한국 국민들의 1년간 소득을 갖고 있는 것과 같다. 이처럼 인도 빈부 격차는 우리의 상상을 초월한다. 문제는 이 같은 극과 극의 격차가 날로 벌어지고 있다는 사실이다.

대도시서 사라지는 인도 명물 '소'

인도를 처음 방문하는 사람들에게 거리를 활보하는 소들은 아주 좋은 구경거리다. 그러나 최근 당국의 단속이 강화돼 인도의 명물인 소가 대도시에서 점점 사라지고 있다.

잘 알려져 있듯이 소, 특히 흰 암소는 인도에서 신성시된다. 힌두교도가 전 국민의 80%가 넘는 인도에서 이들은 소를 '어머니' 같은 존재로 생각하며 숭배한다. 따라서 힌두교도들은 소를 도살하지 않으며 먹지도 않는다. 우유, 버터는 물론 소 오줌이나 쇠똥까지도 정화 능력이 있다고 믿어 종교의식에 사용한다.

이처럼 소가 보호를 받아 얼마 전까지만 해도 뉴델리 곳곳에는 어슬렁거리는 소들로 넘쳐났다. 거리에서 방황하는 소는 주인이 일일이 돌볼 수 없어 불법으로 방목하거나, 나이가 들어 주인으로부터 '퇴출' 된 소들이다. 소의 폐경기가 지나 더 이상 우유를 생산하지 못하

면 주인들은 내다버린다. 소들의 입장에서 보면 늙었다고 내다버리는 인간이 매우 야속하고 미울 것이다.

어쨌거나 도심을 배회하는 소들은 많은 문제점을 낳는다. 그렇잖아도 도로가 부족한 인도에 소들이 도로를 점령해 교통난을 가중시킨다. 또 갑자기 나타난 소들로 인해 종종 치명적 교통사고가 발생하기도 한다. 주요 간선도로에서는 소가 차에 치어 죽기도 하고, 크게 다쳐 불구가 된 소들도 심심치 않게 목격된다.

거리의 소들은 환경오염의 주범이다. 아무데나 똥을 싸대기 때문이다. 먹을 것을 찾는 소들은 쓰레기통마다 뒤져 거리를 온통 쓰레기로 난무하게 만든다. 또 소들이 사람을 공격하는 것도 큰 문제다. 이로 인해 종종 사망자가 발생하기도 한다.

김승호 KOTRA 뉴델리 무역관 차장은 "2005년 초에도 뉴델리에서 길 가던

2명의 여성이 소의 공격을 받고 사망하는 사건이 발생했다"고 말했다.

사태가 심각해지자 인도 법원은 2005년 5월 급기야 시당국에 뉴델리에서 소들을 몰아내라는 명령을 내렸다. 그러나 시당국의 소 단속이 형식적인데 그치자 법원은 이제 거리에 떠도는 소를 생포해오면 1마리 당 2,000루피(4만 7,000원)의 현상금을 주라는 결정을 내렸다. 그러자 소를 잡아가려는 '소 사냥꾼'들이 뉴델리에 갑자기 늘어났다.

김승호 차장은 "일반 근로자의 한 달 평균 임금이 3,000루피라는 사실에 비춰 볼 때 현상금 2,000루피는 매우 큰 돈"이라며 "이로 인해 뉴델리에서 방황하던 소들이 점점 줄고 있다"고 말했다.

소 현상금 지급이 말대로 이행되지는 않는 것 같지만 요즘 도심에서 방황하는 소의 숫자가 줄어드는 것은 분명해 보인다.

델리대학에 유학중인 한 한국인 대학원생은 "소의 퇴거 조치로 최근 뉴델리 환경이 많이 좋아지고 교통체증도 상당히 개선된 것 같다"면서 "그러나 수천 년간 이어져온 인도의 명물 소가 대도시에서 사라지는 것 같아 안타깝다"고 아쉬워했다.

카스트, 대도시선 거의 사라져

———

"수천 년간 인도인들이 짊어온 카스트의 굴레는 21세기 자본주의에 의해 벗겨질 것입니다."

인도 최고의 경영대학인 인도경영대학원(IIMB) 벵갈루루 캠퍼스의 프라카시 압테 총장의 말이다. "인도 카스트제도가 앞으로 어떻게 될 것 같으냐"는 물음에 그는 "카스트는 21세기에 무덤에 묻힐 것"이라고까지 단언했다. 그 이유는 간단하다. 인도 사회가 지난 1990년대 초 경제개방을 단행한 이후 혁명적으로 변하고 있기 때문이다. 인도가 글로벌 경제에 편입되면서 시대에 뒤떨어진 신분제도를 유지하려야 유지할 수가 없을 것이란 얘기다.

지구상 거의 유일하게 존재하는 제도화된 신분제도인 인도 카스트

제도가 흔들리고 있다. 수천 년간 공고하게 유지돼 온 인도 카스트가 커다란 변화를 겪고 있는 것이다. 물론 이런 변화를 감지하기는 쉽지 않다. 또 이런 변화가 몇 달 혹은 몇 년 사이 급격히 진행되는 것도 아니다. 특히 외국인의 입장에서 이런 변화를 파악하기란 매우 어렵다. 그러나 많은 인도인들은 지난 1991년 경제 개방 이후 진행되고 있는 카스트의 변화는 '세기적 혁명'에 가깝다며 큰 의미를 부여하고 있다.

뉴델리에서 벵갈루루로 가는 비행기에서 만난 금융인 산티라주 씨는 카스트에 대해 묻자 "카스트는 대도시에서는 큰 의미가 없습니다. 이미 사라졌다 해도 과언이 아닙니다. 자신이 무슨 카스트 출신인지도 모르는 사람도 많습니다"고 말한다.

그는 인도 최대 은행 중 하나인 ICICI뱅크의 벵갈루루 지점 총 매니저로 일한다. 브라만 다음의 상류 계급인 크샤트리아 출신이라는 그도 지금까지 카스트에 대해 거의 인식하지 못하고 살아왔다고 했다. "물론 농촌은 도시와 사정이 다르다"고 그는 덧붙였다.

경제 수도인 뭄바이 증권거래소의 D. 찬다 선임 총 매니저는 직원을 채용할 때 카스트를 고려하느냐는 질문에 "지금이 어느 때인데 그런 것을 고려하느냐"고 오히려 반문한다. 그는 "요즘은 글로벌 경쟁 시대가 아니냐"면서 "카스트나 인종과 관계없이 세계에 나가 경쟁할 수 있는 최고의 인재를 뽑는다"고 말했다. 찬다 매니저는 "적어도 우리 회사에선 카스트 등을 고려해 사람을 뽑던 시대는 갔다"고 강조했다.

인도 길거리에서 흔히 볼 수 있는 빈민들. 이들을 천민이라고 단정하기 어려우나 대개는 천민 출신인 경우가 많다.

인도에 있는 모든 것은 카스트 안에 있다?

카스트제도는 인도의 발전을 가로막는 최대의 걸림돌로 얘기돼 왔다. 그 뿌리가 너무 견고하고 인도인들 삶에 밀착돼 있어 이를 타파하는 것은 불가능한 것으로 여겨졌다. '인도에 있는 모든 것은 카스트 안에 있고, 카스트 밖에 있는 것은 아무 것도 없다'란 인도 속담도 빠져나가려야 빠져나갈 수 없는 숙명 같은 카스트를 대변해주는 말이다.

카스트는 역사가 아주 오래됐다. 기원은 지금으로부터 3,000년 전인 BC 1000년 무렵. 유럽계의 아리아인이 인도에 침입한 이후 생성된 것으로 알려져 있다. 인도 카스트는 우리가 알고 있듯이 브라만(사제), 크샤트리아(왕, 귀족), 바이샤(상인, 농민), 수드라(수공업자, 노예) 등 크게 4계급으로 이루어져 있다. 이중 브라만, 크샤트리아, 바이샤 등 3계급만 인간적인 대접을 받는다. 힌두교의 경전 베다에 따라 성인식을 치르고 고귀한 실을 두를 수 있기 때문이다. 수드라는 불완전한 인간인 셈이다.

그러나 이들 4계급에 속하지 못하고, 수드라보다도 못한 최하층인 '불가촉 천민(Untouchables)'이란 게 있다. 말 그대로 접촉해선 안 될 인간 이하의 계층을 말한다. 과거에는 이들 불가촉 천민의 다리에 종을 달아두기까지 했다고 한다. 이들이 접근해 오면 종소리를 듣고 피하기 위해서다. 마하트마 간디는 사회의 최약자인 이들에게 남다른 애정을 가졌다. 그래서 불가촉 천민을 '하리잔(Harijan, 신의 아들)'으로 불렀다고 한다.

반면 불가촉 천민들은 자신들을 억압받는 자라는 뜻의 '달리트(Dalit)'로 부른다. 억압에서의 해방과 투쟁을 위해서다.

카스트는 인도인들의 계층·계급 이동을 엄격히 금지했다. 서로 다른 카스트 간에는 일체 결혼을 허락하지 않았다. 부모로부터 받은 직업을 바꾸지도 못하게 했다. 또 상이한 카스트 간에는 밥을 같이 먹지 못함은 물론 함께 앉는 것도 금했다. 만약 이를 어길 경우에는 카스트 추방이나 하위 신분으로의 전락 등 가차 없는 제재가 가해졌다.

천민에 공직 및 대학 쿼터 할당

인도 정부는 1947년 독립 후 카스트제도의 비 인간성 등 문제점을 인식해 1950년 이를 철폐한다. 인간에 대한 일체의 차별을 금지하는 법도 제정한다. 이른 바 '보호를 위한 차별법(Protective Discrimination)'으로 미국의 '차별철폐법(Affirmative Action)'과 유사한 것이다.

이 법에 따라 불가촉 천민에겐 일정한 비율의 정부 공직과 주 의회, 연방 의회 의석이 할당되었다. 공립학교와 공립대학에도 일정 비율(약 20%)의 불가촉 천민 입학을 의무화했다. 그래서 이후 이들 불가촉 천민을 '지정(指定) 카스트(SC: Scheduled Caste)'라고 부른다. 어쨌든 이 법에 의해 인도 사회의 최약자인 불가촉 천민들도 대학을 가고 공직에 진출할 수 있는 길이 열렸다.

그러나 이것으로 끝난 것이 아니다. 이 법은 다가올 카스트 간의 전쟁을 예고하는 것이었다. 불가촉 천민은 전체 인도인 중 약 20%를 차지한다. 상층 카스트인 브라만, 크샤트리아, 바이샤 등 3계층이 15%를 점하고 있고, 노동 계층인 수드라가 50%를 차지한다. 나머지 15%는 이슬람교나 불교, 기독교, 지나교 등 여타 종교를 믿는 사람들이다.

20%를 차지하는 불가촉 천민에게 혜택이 주어지자 다른 카스트가 반발하고 나섰다. 특히 인도인 중 절반을 점하고 있는 수드라 계층이 정치세력화해 극력 반발했다. 이들은 이른바 '여타 하위 카스트(OBC: Other Backward Castes)'들이다. OBC들은 상층 카스트에 의해 차별받고, 자신들보다 하위 계급인 불가촉 천민들에게도 역차

명문 인도공과대학(IIT) 델리 캠퍼스의 한 여학생이 정부가 천민들에 특혜를 주는 것에 대해 반대하는 시위를 벌이고 있다.

별 당하고 있다고 주장했다. 이에 따라 OBC들은 자기들에게도 머릿수 구성 비율대로 50%의 공직 진출 쿼터를 달라고 요구했다.

그러자 이번에는 수천 명의 상층 카스트 학생들이 역차별이라며 들고 일어났다. 지난 1990년 수십 명의 학생들이 공개적으로 분신자살하는 등 극렬하게 반대 시위를 벌였다. 천민들에게 혜택을 주면 자신들끼리 경쟁할 수 있는 자리가 줄어들어 경쟁이 더 치열해지는 탓이다. 그러나 시대가 변해 있었다. 독립된 나라 인도는 민주주의를 추구하는 중이었다. 민주주의에선 다수가 원칙이다. '쪽수' 서 상층부 학생들은 OBC의 상대가 되지 않았다.

결국 상층 카스트 대신 OBC(수드라)들의 요구가 받아들여져 OBC들에게 약 30%의 공직 진출 쿼터가 주어졌다. 불가촉 천민과 OBC들을 합해 총 50%의 공직 쿼터가 배정된 것이다. 완전히 실력으로 경쟁하는 공직은 이제 나머지 50%뿐으로 줄어들었다.

카스트 간 갈등 여전… 변화의 진통

문제는 OBC들에게 공직 쿼터는 주었지만 대학 입학 쿼터는 주지 않았다는 점이다. 이 문제는 이후 인도 사회에서 끊임없이 논란을 불러일으킨다. 결국 만모한 싱 총리 정부는 2006년 초 이 문제를 정식으로 제기했다. 대학 입학정원의 약 30%를 OBC에게 할당하겠다고 공표한 것.

이에 반대해 뉴델리 국립병원 4,000여 명의 레지던트와 의사들이 들고 일어났다. 진료를 거부하고 단식 투쟁에 나선 것. 100여 명의 인도공과대학(IIT) 학생들도 캠퍼스 안에 텐트를 치고 단식투쟁에 동참하는 등 큰 파장을 불러일으켰다. 학생들의 이 같은 주장에 언론과 지식인들도 적극 지지했다. 실력과 경쟁이 아닌 특혜에 의해 특정 계층을 저명 대학에 입학시킨다는 것은 부당하고 국제 경쟁력을 낮추는 행위라는 지적이었다.

반면 정치권은 대학입학 쿼터제 도입에 일제히 찬성 목소리를 냈다. OBC를 위시해 유권자의 최소 절반 이상이 이를 지지하고 있기 때문이다. 특히 소수파로 집권한 만모한 싱 정부로서는 정치적 기반 강화를 위해서도 다수인 천민의 표를 끌어 모아야 했다.

어쨌든 공직진출과 대학입학 쿼터 부여로 인도 역사상 처음으로 하위 계층에게도 '정의'가 확대되게 됐다. 정치학자와 사회학자들은 이를 '20세기 인도 사회혁명'이라 부른다. 실제로 지난 1996년 이후 선거는 인도 사회 권력이 상층부에서 하층 카스트로 급격히 이동하고 있다는 사실을 극명히 보여주었다. 인구가 많은 유타프라데시주나 비하르주에서는 하층민 출신들이 주 행정부와 주 의회를 거의 석권했다.

이처럼 사회가 급변하는 곳에는 언제나 변화를 좋아하지 않는 세력이 있는 법이다. 수천 년간 이어져온 기득권 박탈을 우려한 농촌 지역 상층 카스트들은 이런 변화에 결사적으로 저항하고 있다. 못 살기로 소문난 비하르주 등에서는 카스트 간 폭력적 충돌 등 피의 전쟁이 종종 일어난다. 인도 신문에는 요즘도 가끔 불가촉 천민과 상층 카스트 간에 발생하는 대량 살육 기사가 실리곤 한다. 농촌 지역 상층 카스트들은 '란비르 세나'라는 사병(私兵)을 조직해 하층민을 공격하고 집을 불태우기도 한다. 예를 들어 비하르 주에서 '란비르 세나'는 1995년부터 1999년까지 4년간 400명이 넘는 달리트들을 집단학살하기도 했다. 이들 달리트가 좌파정당에 동조한다는 이유에서다.

이처럼 시골에선 카스트가 여전히 힘을 발휘하고 있다. 비록 차별을 금지하는 법이 제정되어 시행되고 있지만 수천 년간 내려온 전통과 관습은 쉽게 단절되지 않기 때문이다. 요즘도 여전히 다른 카스트끼리 결혼하거나 직업을 선택하는 데 여러 제약이 따른다. 그러나 크게 보면 시골에서 카스트전쟁 등이 발생하는 것도 카스트제도가 붕괴하는 과정에서 나타나는 과도기적 현상이란 분석이 많다.

인도 출신 노벨경제학상 수상자인 영국 캠브리지대학의 아마티야 센 교수도 그중 하나다. 그는 "수천 년간 조용히 살아왔던 시골에서 카스트 전쟁이 발생한다는 것은 그 자체가 인도사회가 급속히 변화하는 증거"라며 "인도 카스트의 분열은 지난 1950년부터 격렬하게 시작됐다"고 말했다.

카스트가 농촌에선 아직 강하지만 도시에서는 거의 유명무실하다는 게 대체적인 시각이다. 지난 1970~1980년대는 도시에서도 카스트가 일정한 영향력을 발휘했다. 쿼타 법의 적용을 받지 않는 사기업들은 자기 카스트 위주로 직원을 뽑는 경향이 강했다.

인도 대표기업인 타타그룹이나 비를라그룹에서도 공공연하게 자기 카스트 위주로 채용했다. 주된 이유는 노동조합 때문이었다. 노조가 지나치게 호전적이어서 기업들은 충성심을 갖는 자기 카스트 출신 노동자를 원했다.

브라만 출신도 청소부를

그러나 1991년 경제를 개방하면서 이런 풍조는 급격히 사라지고 있다. 프라카시 압테 인도경영대학원(IIMB) 총장은 "경제 개방 후 미국 등 다국적들이 대거 몰려와 경쟁력이 최우선의 가치가 됐다"며 "카스트니 친족이니 하는 구시대적 연고주의는 사라질 수밖에 없지 않겠느냐"고 되물었다. 압테 총장은 "요즘 인도 기업들은 마케팅이나 상품 개발부문 등에서는 연봉을 몇 배를 더 주더라도 카스트에 관계없이 능력 있는 인재를 끌어오려 혈안"이라고 전했다.

특히 요즘 금융, 정보기술(IT), 법률, 의학, 엔지니어 등 인도 업체들은 최고의 인재를 모셔오려 사활을 걸고 있다. 카스트가 비집고 들어갈 틈이 없다. 즉 대도시에선 카스트 대신 교육과 실력, 경제적 능력이 가장 중요한 파워로 등장했다. 그래서 요즘 인도 사람들은 "돈이 카스트다", "교육이 카스트다"라고 말한다.

김승호 KOTRA 뉴델리 무역관 차장은 "카스트는 대도시에선 이젠 더 이상 존재하지 않는다는 시각이 일반적"이라며 "돈이 새로운 카스트가 됐다는 말을 많이 한다"고 전했다.

김 차장은 이와 관련한 사례를 하나 소개했다. 판디트(pandit)는 최상위 계층인 브라만 가운데서도 최상위 계급이다. 그런데도 돈이 없어 청소부나 가정부를 하는 판디트들을 그는 여럿 보았다고 했다. 청소부는 가장 밑바닥 인생인 불가촉 천민이나 해온 일인데도 말이다.

교육이 카스트다

반면 최하층 천민 중에서도 대통령, 총리, 장관, 기업 총수 등 인도 사회 최상위 계층에 올라선 사람들도 많다. 2005년 말 타계한 코체릴 라말 나라야난(Kocheril Ramal Narayanan) 전 인도 대통령은 불가촉 천민 출신으로 최고위 직위에 오른 대표적인 인물이다.

독립 후 인도의 초대 법무장관을 지낸 암베드카르도 천민 출신이며 현재 중소기업부 장관인 마하빌 쁘라사드도 불가촉 천민 출신이다. 지난 1980년대 내무부장관 및 부총리를 역임한 저그 지원 람도 천민 출신이었으며, 그의 딸인 니라 꾸말은 현재 국회의원으로 활동 중이다. 비하르주의 람 순달 다스총리, 마야와띠 전 우타프라데시주

총리 등 주 총리를 역임한 사람도 6~7명에 이른다.

이들 최하층 천민이 성공한 바탕에는 공통점이 있다. 교육이다. 이들은 교육을 통해 신분을 뛰어넘은 것이다. 교육은 신분상승과 함께 경제적 능력을 가져다 주는 첩경이다. "교육이 현대의 카스트다"란 말을 하는 것도 이 때문이다. 따라서 신분 상승 욕구가 큰 천민들은 교육에 필사적이다.

최근 정보기술(IT) 붐은 이 같은 교육열에 불을 붙였다. IT 기업에 취직하면 신분 탈출은 물론 돈과 명예가 따라온다. 천민 출신 청소년들이 장래 IT 엔지니어가 되는 꿈을 꾸는 것도 당연하다. 그래서 이들은 인도 최고의 고등 교육기관인 인도공과대학(IIT)이나 인도경영대학원(IIM) 등에 입학하려 사활을 건다.

한국 기업 카스트 문제 없어

인도에 진출한 한국 대기업에 근무하는 천민 출신 직원들의 직장 내 생활은 어떠할까. 뉴델리에 진출한 한 중소기업 사장은 인도에서 기업경영의 가장 어려운 점 중 하나가 인사관리라고 말했다. 회사에 근무하는 인도인들 사이에 보이지 않는 카스트의 벽이 존재해 업무에 지장을 초래하고 있다는 것이다.

반면 벵갈루루에 소재한 삼성전자 인도연구소(SISO)의 김규출 소장의 주장은 다르다. 김 소장은 "회사 내에 천민 출신 엔지니어들도 꽤 있는 것으로 알고 있다"면서 "그러나 카스트가 업무와 전혀 관련이 없으므로 아예 신경을 쓰지도 않는다"고 말했다. 능력이 중요하지 출신이 중요한 것이 아니므로 출신에 대해 굳이 관심을 가질 필요가 없다는 말이다.

물론 직장 내에서 카스트 간의 문제가 아주 없는 것은 아니라고 했다. 김 소장은 "다른 카스트끼리 같은 방을 쓰지 않으려 하거나 낮은 카스트 사람이 상사일 경우 같이 일을 안 하려 한다는 얘기를 들은 적이 있다"며 "그러나 이는 아주 드문 사례로 만약 사실이면 엄격한 제재를 가한다"고 덧붙였다.

LG전자 인도 공장의 강호섭 부장도 "카스트 때문에 발생하는 문제는 거의 없다"며 "직원들의 카스트를 알 수 없고, 안다 하더라도 능력 위주로 선발하고 대우하기 때문에 전혀 문제가 되지 않는다"고 밝혔다.

천민 출신은 보통 자신의 카스트를 말하지 않는다. 강 부장은 그러나 어떤 경우에는 자신이 천민 출신임을 과감히 밝히기도 한다고 했다. 스스로 하층 카스트임을 공개해 자신을 보호하기 위한 방편이다. 예를 들어 "나는 낮은 카스트 출신인데 왜 차별하느냐. 대우가 이게 뭐냐" 등 항의를 한다는 것이다. 그럴 때는 문제가 신분이 아닌 다른 데 있음을 분명히 한다고 했다.

'직업＝카스트' 관념 무너져

인도 카스트는 직업의 숫자만큼 많이 존재한다고 한다. 카스트(자띠) 숫자가 3,000~6,000개에 달하는 등 매우 많기 때문이다. 그래서 '직업이 곧 카스트'란 말을 한다. 그러나 경제 개방 후 직업에 대한 가치관이 바뀌고 새로운 직업의 등장으로 카스트 기반이 크게 흔들리고 있다.

예를 들어 과거에는 동물 가죽을 만지는 일은 천민들이 했다. 이들은 다른 계급이 가죽 관련 직업을 천하다고 피할 때 가죽으로 구두나 가방 등 제품을 만들어 많은 돈을 벌었다.

이들은 높은 경제력을 바탕으로 사회에서 영향력을 행사하고 자녀들에게는 해외유학 등 많은 교육을 시켜 성공하게 했다. 이 때문에 오늘날에는 카스트를 불문하고 많은 사람들이 가죽 제품 생산에 몰려든다. 전통적 직업관이 바뀌고 있는 것이다. 또 과거 인도에는 없던 마케팅 담당자나 금융 애널리스트, 펀드매니저, 디자이너 등 무수한 새로운 직업이 탄생하고 있다. 이 같은 직업의 분화는 '직업=카스트'란 수천 년간 이어온 계급 체제를 뒤흔들고 있다.

카스트제도 연구의 대가인 고(故) M. N. 스리니바스는 카스트가 언젠가는 인도인들의 윤리적 문제에만 국한하는 상징적 유물이 될 것이라고 예언한 바 있다. 많은 인도인들은 현재의 사회 변화 속도라면 그 '언젠가'가 빠르면 1~2세대 안이 될 수도 있다고 기대하고 있다. 그것은 인도가 지금과 같은 고속 경제성장을 얼마나 이어가고 얼마나 빨리 글로벌화 하느냐에 달려 있다 할 것이다.

바르나와 자티

인도 카스트제도를 이해하기 위해선 바르나와 자티를 알아야 한다. 카스트란 가계(家系) 또는 혈통을 뜻하는 포르투갈어 카스타(casta)에서 유래했다. 16세기 바스코 다 가마 일행이 인도 서해안에 도착해 인도 사회의 특이한 계급제도를 카스트로 부른 것이 일반화됐다.

그러나 인도인들은 자신들의 사회계층 구성을 바르나(varna)와 자티(jati)의 개념으로 설명한다. 바르나는 인도어로 '색깔'을 의미한다. 고대 인도에서는 각 사회 집단의 구별을 색깔로 표시했다. 승려는 백색으로, 무사들은 적색, 평민은 황색, 그리고 노예나 천민은 흑색으로 나타냈다. 아리안족이 인도에 침입했을 때 피부색이 지배자와 피지배자를 나타내 주었기 때문이다. 색깔로 볼 때 아리안은 흰 피부에 금발머리, 드라비다족은 갈색피부에 검은 머리, 문다족은 검은 피부에 곱슬머리였다.

이를 바탕으로 인도 주요 4계층인 브라만(사제), 크샤트리아(왕족, 무사), 바이샤(상인, 농민), 수드라(수공업과 노예)가 생성됐다. 이 4개의 카스트가 바로 '바르나' 다. 우리가 일반적으로 알고 있는 인도 카스트제도를 말한다. 바르나에는 최하위 계층인 불가촉 천민(Untouchable)도 포함한다. 그러나 바르나는 사회계급을 구분하는 기준일 뿐이다.

이에 비해 실생활 하나하나를 세세히 규제하는 단위가 '자티'다. 우리가 보통 "인도에서는 같은 카스트 사람끼리만 결혼할 수 있다"고 할 때의 그 카스트가 바로 자티를 의미한다. 사람들은 이 자티를 기준으로 직업을 규정받고 대대로 세습되며 서로서로 순위를 짓고 그 안에서 결혼과 식생활 등을 규제한다.

바르나는 그 수가 넷으로 정해져 있는 반면 자티는 대개 시간과 장소에 따라 변한다. 하나의 마을은 보통 20~30 종류의 자티로 구성되어 있다. 인도 전체에서 자티의 수는 3,000~6,000개에 이르는 것으로 알려져 있다. 마치 직업의 수만큼이나 종류가 다양하다.

자티는 현대 사회에 들어 급속히 변화하고 있다. 전통적인 직업관의 변화와 수많은 새로운 직업의 탄생이 이러한 변화를 이끄는 주된 동력이다. 해외 유학이나 고등교육을 받은 사람들은 더 이상 기존의 자티와 계급에 따라 직업을 갖지 않기 때문이다.

각 자티는 수천 년을 거쳐 오면서 특정한 성을 쓴다. 그래서 성을 알면 그 사람의 자티를 알 수 있고, 또한 그 자티가 속한 카스트를 알 수 있다고 한다. 그러나 성만으로 출신 카스트를 이해하기는 어려운 경우도 많다. 자티가 수천 개에 달하기 때문이다. 자신이 태어나서 자란 지방에서는 이해할 수 있겠지만 다른 지역 사람들의 카스트를 구분하기는 실제로 매우 어려울 것이다.

천민 출신 나라야난 대통령

인도 최하위 계급인 불가촉 천민(Untouchable) 출신으로 국가 최고지도자 위치에까지 올랐던 코체릴 라만 나라야난 전(前) 인도 대통령이 2005년 12월 9일 타계했다. 향년 85세.

폐렴과 신장질환 증세로 한 달간 병원에 입원했던 나라야난 전 대통령은 생명보조장치에 의존한 채 혼수상태에 빠져 있다 사망했다.

대학 차별 대우에 졸업장 받기 거부

나라야난 전 대통령은 달리트(Dalit)로 불리는 불가촉 천민 출신으로 대통령에까지 올랐던 입지전적 인물이다. 불가촉 천민이란 브라만(성직자), 크샤트리아(귀족), 바이샤(평민), 수드라(노예) 등 전통적 카스트(계급)에도 들지 못하는 최하층민을 말한다.

여전히 계급적 차별이 엄존하는 인도에서 그의 인생은 사회적 불평등과 편견에 대한 투쟁이었다고 할 수 있다. 이를 보여주는 좋은 사례가 있다. 그는 트라반코르대학에서 학사와 석사 과정을 마쳤다. 최우등 졸업이었다. 자격이 충분해 강사를 신청했으나 대학에선 이를 거부했다. 이유는 단지 그가 천민 출신이기 때문이라는 것.

대신 이 대학은 그에게 학교 사무원 자리를 제안했다. 화가 난 그는 사무원 자리는 물론 졸업식 참석도 거부했다. 최우등 졸업자로서 학위받기를 거부한 것.

이후 그가 인도 부통령의 자리에 올랐을 때 대학당국은 당시 일을 사과하고 못 준 학위를 수여하겠다고 제안했다. 그는 이를 기꺼이 수락, 학위를 받았다. 졸업 후 50년 만이었다.

신분제도 청산 앞장

나라야난 대통령은 1920년 케랄라 주의 외진 시골에서 7남매 중 넷째로 태어났다. 그의 부모는 천민에다 찌들어지게 가난했지만 그의 교육엔 매우 적극적이었다. 초등학교 땐 수업료도 제대로 못내 어려웠지만, 공부를 잘 했던 그는 중학교 때부턴 장학금을 받고 대학까지 마친다.

대학 당국의 거부로 대학 강사를 포기한 그는 1944년 수도 뉴델리로 가 신문 기자가 된다. 인도의 저명 신문인 〈힌두타임스〉와 〈더 타임스 오브 인디아〉에서 활동하던 그는 간절히 바라던 마하트마 간디와 인터뷰를 성사시킨다.

이후 인도 대기업인 타타그룹의 후원으로 영국 런던경제대학(LSE)에 유학한다. 정치학을 전공하고 돌아온 그에게 자와하랄 네루 총리는 외교관 자리를 추천한다.

외교관으로서 그는 태국과 터키, 버마(현 미얀마) 대사를 비롯해 중국 영국 미국 등 핵심 대사 자리를 모두 거친다.

1980년 외무차관을 끝으로 정계에 투신했던 그는 국민회의당 의원과 부통령을 역임하고, 1997년 7월부터 5년간 대통령직을 수행했다. 대통령으로서 근무하는 동안에도 그는 일생 동안의 신조인 불의와 편견에 저항하고 인도 사회의 발전을 지향하는 자세를 견지했다.

어떠한 종교나 계급, 신분 등에 구애 받지 않고 헌법에 의해 대통령이란 직무를 수행한 것으로 평가된다. 그래서 그는 현대 인도 신분제도 청산의 상징적 인물로 꼽히고 있다.

'불가촉 천민의 영웅' 암베드카르

인도 불가촉 천민을 얘기할 때 빼놓을 수 없는 인물이 있다. 인도 독립 후 초대 법무장관을 지낸 빔라오 람지 암베드카르(Bhimrao Ramji Ambedkar)다. 그 자신이 불가촉 천민 출신이었던 암베드카르는 평생 천민들의 해방과 지위 향상을 위해 헌신해 '인도 불가촉 천민의 아버지'로 불린다. 인도에 가면 인도 독립 영웅인 간디의 동상 못지않게 자주 볼 수 있는 것이 암베드카르 동상이다. 그만큼 암베드카르는 인도 현대사에서 간디 못지않게 추앙받는 위대한 인물이다.

간디 못지않게 추앙받아

암베드카르는 1891년 4월 14일 데칸 지방 마하라슈트라주에서 불가촉 천민의 아들로 태어났다. 머리가 뛰어난 데다 부친의 남다른 교육열로 인해 그는 고향을 떠나 봄베이(현 뭄바이) 등 대도시에 나가 교육받았다. 그러나 당시 고향은 물론 인도 최대 도시인 봄베이에서조차 천민인 그는 온갖 차별대우와 수모를 당해야 했다.

암베드카르는 초등학교 시절 천민인 관계로 담임 교사에게 공책을 직접 건넬 수 없었으며, 물을 마실 때에도 신체적 접촉을 피하기 위해 다른 사람들이 위에서 입에다 부어주는 물을 받아 마셨다. 이발소에서 머리를 깎고 싶어도 이발사들이 거부해 집에서 어머니가 깎아

인도 남부 하이데라바드에 세워진 천민의 영웅' 암베드카르 동상. 인도 곳곳에선 마하트마 간디 못지않게 추앙 받는 암베드카르의 동상을 흔히 볼 수 있다.

주곤 했다.

다행히 학교 성적이 우수했던 그는 정부장학금을 받아 영국, 독일 등에서 경제학과 법학 등을 공부하고, 미국 명문대인 콜롬비아대에서 철학박사 학위를 받았다. 1919년 귀국해 관리가 되었으나 출신 성분이 높은 사람들에 의해 천대를 받다가 사직한다. 그 후 그는 변호사로서 천민들의 지도자로 활동한다.

천민 권리 투쟁 '초다르 저수지' 사건

1927년 3월 천민지도자로서 그가 벌인 '초다르 저수지' 사건은 유명하다. 당시 불가촉 천민들은 저수지 물도 마음대로 마실 수 없었다. 천민들이 물을 마시면 저수지 물이 오염된다는 것이 이유였다.

암베드카르는 1만여 명의 천민들을 이끌고 마하드에서 상수원인 초다르 저수지로 행진했다. 그는 수많은 상층 계급 사람들이 지켜보는 앞에서 저수지 물을 직접 떠 마셨다. 1만여 천민들도 그를 따라 저수지 물을 마셨다. 온 천하에 천민들도 저수지 물을 마실 권리가 있음을 과시한 것이다.

1927년 말 암베드카르는 또 다른 담대한 '투쟁'을 벌인다. 천민들이 모인 가운데 힌두교의 성전인 마누법전을 불태운 것. 마누법전은 힌두교의 근간으로 힌두교가 카스트 간의 불평등을 정당화한다고 믿었기 때문이다. 이 같은 일련의 사건 후 상층 카스트들의 보복으로 무수한 천민들이 집단적으로 매를 맞거나 잡혀가는 시련을 당하기도 했다.

그러나 암베르카드의 노력은 하나씩 열매를 얻기 시작한다. 1932년 8월 영국 정부는 '중재령'을 발표해 불가촉 천민들에게도 지역 의회에 독자적으로 대표를 선출해 파견할 권리를 부여한다. 이는 곧 불가촉 천민들도 다른 소수 집단들과 마찬가지로 독립된 집단으로 인정된 것이고, 독자적인 의석과 선거권을 갖게 된 것이다.

이 과정에서 간디는 불가촉 천민 등 '피압박 계층'에게는 어떠한 정치적 권한도 주어서는 안 된다며 암베드카르와 맞선다. 독실한 힌두교도인 간디는 이 문제를 힌두교의 틀 안에서 해결하고자 했다. 간디는 천민들에게 정치적 권리를 주면 힌두교의 근간이 무너진다고 생각해 암베드카르의 천민지위 향상 투쟁에 반대했다. 그러나 영국은 결국 불가촉 천민들의 정치적 지위를 인정해 암베드카르의 손을 들어주었다.

법무장관 때 천민차별 공식 철폐

1947년 인도가 영국으로부터 독립한 후 암베드카르는 초대 법무장관에 임명됐다. 법무장관으로서 그는 인도 헌법의 초안을 작성하여 '인도 헌법의 아버지'로 불리게 된다.

특히 그는 법무장관으로서 상위 카스트들의 반대에도 불구하고 불가촉 천민 차별을 법적으로 공식 철폐했다. 대학입학과 공직 임용에 천민들에게는 일정 쿼터를 주도록 헌법에 명시하기도 했다. 천민들은 차별과 가난으로 인해 교육받을 권리를 박탈당해 왔으므로 일정한 몫을 주어야 평등이 이뤄질 수 있기 때문이라는 것.

그러나 불가촉 천민에 대한 법적인 철폐에도 불구하고 뿌리 깊은 차별은 계속되었다. 암베드카르는 힌두교 내에서는 차별 철폐가 불가능하다는 결론에 도달했다. 1956년 10월 14일. 그는 나그푸르란 곳에서 "나는 힌두교도로 태어났으나 힌두교인으로 죽지는 않겠다"고 외치며 50만 명의 천민들과 함께 힌두교를 버리고 불교로 개종한다. 불교의 교리가 신분으로부터의 해방, 불평등으로부터의 해방을 추구한다고 믿었기 때문이다.

이 행사를 마친 후 1개월이 지난 그 해 12월 6일 아침 그는 자신의 집에서 시체로 발견된다. 피살 여부가 논란이 됐지만 수사는 흐지부지됐다.

천민출신으로 태어나 평생을 천민을 위해 살다 간 '인도 천민의 아버지' 암베드카르. 천민 해방이란 그의 투쟁 목표는 사후 50년이 지난 오늘날 인도가 경제개방과 세계화를 채택하면서 서서히 해결의 실마리를 찾아 가고 있다.

'No Problem' 그대로 믿었단 낭패

인도 콜카타(옛 캘커타)에서 중소 의류공장을 경영하는 A씨의 경험담이다. 콜카타에 진출한 지 4년이 된 그는 인도에서 나름대로 성공했다고 자부한다. 연간 매출도 100억 원이 넘고 그동안 인도 내 인적 네트워크도 많이 확보했다고 생각한다.

2년 전 그는 황당한 일을 당했다. 당시 그는 투자 자금이 달려 긴급 자금이 필요한 상황이었다. 이를 어떻게 조달할까 걱정하던 그는 그동안 술도 몇 차례 같이 먹은 적이 있는 친한 인도 의류 판매업자에게 부탁하기로 했다. 그는 인도 판매상에게 우리 돈으로 2억 원 정도 필요한데 사흘 안에 해줄 수 있느냐고 물었다.

혹시나 하고 부탁했는데 그 인도 판매상은 "문제없다(No

Problem)"며 선뜻 대답했다. 안심한 그는 약속 날짜가 다가와 판매상에게 전화를 했다가 낭패를 보았다. 인도 판매상은 "내가 언제 돈을 빌려주겠다고 했느냐"며 완전히 오리발이었다.

"며칠 전 'No Problem' 이라며 승낙하지 않았느냐"는 A씨의 항의에 인도 판매상은 "전혀 기억에 없다"고 발뺌했다. 판매상의 예상 밖의 반응에 기가 막힌 A씨는 서둘러 곳곳에 전화를 걸어 긴급자금을 마련해 간신히 위기를 모면했다.

A씨는 "당시 판매상의 표변에 너무 황당하고 화가 나 당장 그와의 관계를 끊었다"면서 "그러나 그 일은 그가 특별히 나쁜 사람이었기 때문이라기보다 인도 사람들의 일반적 특성임을 나중에 알게 되었다"고 말했다.

인도 사람, 특히 인도 비즈니스맨들은 상대의 제안에 대해 웬만해선 '아니오(No)' 라고 단호히 대답하지 않는 경향이 있다. 인도는 단칼에 거절하는 문화가 아니기 때문이다.

그래서 남이 무언가를 요청할 때 "문제없어(No Problem)!"란 말을 흔히 쓴다. 일반적으로 이 말은 비즈니스 상담 시 긍정적인 수용 가능성을 시사하는 표현이다.

그러나 인도 사람들이 이러한 표현을 했을 때는 조심해서 이해해야 한다. 이들은 문제가 없을 때는 물론 문제가 있을 때도 '노 프러블럼' 이라고 종종 말한다. 단호히 '노(No)' 라고 표현하기 힘들어서 그렇게 말하는 것이라고 판단해야 한다. 어떤 때는 자신이 문제를 일으키고도 당장의 위기를 모면하기 위해 그렇게 둘러대는 경우도 있다.

김승호 KOTRA 뉴델리 무역관 차장은 "인도인들은 상대방의 제안에 대해 거절하는 습관이 돼 있지 않아 종종 '노 프러블럼'이라고 말한다"며 "아예 처음부터 그게 무슨 뜻인지 확실히 물어봐야 한다"고 충고했다.

단기 이익에 매달리는 인도인

인도인들의 이런 애매모호한 태도는 인도 사회의 집단주의적 특성에서 나왔다. 개인보다는 가족과 집단을 중시하는 문화가 개인의 감정을 솔직하게 드러내는 것을 억제해왔기 때문이다. 우리도 과거 대가족 제도를 유지하던 때 개인이 의사 표현하는 것이 쉽지 않았던 것과 마찬가지다.

인도인과의 커뮤니케이션에서 발생하는 문제를 해결하기 위해선 뭐든지 문서로 작성해두는 게 최선이다. 인도는 영국의 오랜 식민지 영향으로 계약 문화가 매우 발달해 있다. 인도인들은 자신의 이익을 챙기는 데 천재적이므로 거래 시에는 항상 문서로 하고, 받은 문서는 꼭 내용을 확인해야 한다.

계약을 할 때는 내용을 충분히 숙지하고, 어떤 경우에도 불이익을 당하지 않도록 자세히 작성해야 한다. 대충 어떻게 되겠지 하고 생각했다가는 나중에 낭패를 당하기 십상이다. 예를 들어 인도인들은 하인을 고용할 때도 해야 할 일의 내용과 급여 등에 관해 구체적인 사항을 문서화시켜 계약을 맺는다고 한다. 왜냐하면 계약으로 정하지 않은 일을 시키면 당장 항의를 받기 때문이다.

본 계약은 물론 본 계약이 아닌 경우에도 마찬가지다. 특정 사안에 대한 통보나 요청 등의 내용도 반드시 문서로 남길 필요가 있다. 다시 한번 강조하지만 문서화되지 않은 구두 약속은 효력이 없다. 인도인들은 보통 구두 약속은 안 지켜도 되는 것으로 넘겨 버리는 풍조가 있다.

어떤 때에는 상호 합의 하에 가격 등을 확정해 놓고도 빈틈이 있다고 느끼면 계속해서 가격 인하를 요구한다. ‘밑져도 본전’이라는 식이다. 이때는 물론 단호히 거절해야 한다. 계약이 끝났다고 안심해선 큰 코 다칠 수 있다.

인도인들과의 거래에서 계약 파기란 드문 일이 아니다. 또 인도인들은 신뢰를 통한 장기적 거래보다는 단기적 이익을 추구하려는 경향이 강하다. 따라서 새 업자가 조금 더 나은 조건을 제시하면 바로 장기 거래선을 바꾸는 일도 종종 발생한다. 인도 진출 외국 기업들이 인도에서 사업하기 어렵다고 하는 이유 중에는 이런 요인도 크다.

최근 KOTRA와 삼성경제연구소가 공동으로 인도 상관습의 차이로 인한 애로사항에 대해 물은 결과도 ‘약속 불이행’이 21.6%로 가장 높았다.

인도는 초저가 지향 시장

인도 쇼핑몰에 가보면 상품 포장이 안 되어 있는 것을 흔히 볼 수 있다. 포장이 돼 있다고 하더라도 조악하기 짝이 없다. 상품 포장이 중요하다고 생각하는 우리는 포장도 안 된 상품에 눈길조차 주지 않는 경우가 많다.

그러나 인도에선 이런 제품이 잘 팔린다. 왜냐하면 값이 싸기 때문이다. 인도인들은 고급스런 포장이 낭비라고 생각한다. 그만큼 값이 비싸지는 탓이다.

컴퓨터 매장에는 레이저프린터 대신 도트프린터가 많이 진열돼 있는 것을 볼 수 있다. 다른 나라에선 레이저프린터 등장으로 도트프린터가 사라졌으나 인도에선 여전히 도트프린터가 잘 팔린다. 싼 가격 때문이다.

인도는 전형적인 가격지향 시장이다. 인도 소비자들은 품질보다는 가격에 매우 민감하게 반응한다. 가격이 조금이라도 싸면 품질은 가차 없이 희생한다. 포장 없는 상품이나 시대에 뒤진 도트프린터가 잘 팔리는 이유는 바로 이 때문이다.

물론 일부 부유층은 비싼 명품도 망설임 없이 구매한다. 그러나 대다수 인도인들은 비슷한 물건이면 값이 조금이라도 싼 상품을 선택한다. 품질은 뒷전이다.

인도 소비자의 또 다른 특성으로 구매패턴을 들 수 있다. 인도는 부유층일지라도 생필품에 대한 구매 비중이 매우 높다. 생필품과 일반 상품의 구매 비율이 약 75% 대 25%이다. 다른 나라 일반 소비자들의 생필품과 일반 상품 구매 비율 25% 대 75%와 정반대다. 인도인들은 돈이 많다고 하더라도 생필품 외에는 돈을 잘 쓰지 않는다는 사실을 의미한다.

이런 소비 경향은 인도 수입업체들에게 그대로 반영된다. 수입상들은 무역상담 시 끊임없이 가격인하를 요구한다. 이들은 장기적인 신뢰관계를 구축하기보다는 단 1달러라도 싸면 거래선을 변경할 정도로 단기적인 이익을 추구하는 경향이 강하다.

김승호 KOTRA 뉴델리 무역관 차장은 "인도는 초저가 지향시장"이라며 "인도시장에 처음 진출하는 한국 기업은 무엇보다 가격경쟁력을 확보하는 것이 성공의 지름길"이라고 강조했다.

김 차장은 "선진국에 수출하던 사양을 그대로 인도에 수출하는 경우 성공하는 사례를 거의 찾아볼 수 없다"며 "인도 시장을 겨냥한 저가모델 개발 등 적극적인 노력이 필요하다"고 덧붙였다.

1회용 면도기 한 번 쓰고 안 버려

인도인들이 이처럼 가격에 극도로 민감한 것은 낮은 소득과 검소한 생활, 그리고 높은 저축률 등 때문이다. 인도인들의 검소한 생활은 역사적으로 뿌리가 깊다.

힌두교는 인간의 감정을 절제하도록 가르친다. 성욕이나 재물욕, 명예욕 등을 억제하도록 한다. 따라서 교육을 제대로 받은 상류층은 드러내놓고 사치를 하는 경우는 매우 드물다. 제대로 된 집안은 결혼하면 부모와 함께 대가족으로 사는 경우가 많기 때문에 함부로 사치스런 생활을 하기 어렵다. 상류층 사람들이 절제하며 사는 마당에 하류층 사람들은 말할 것도 없다. 근검절약이 몸에 깊숙이 배어 있다.

일회용 라이터는 인도인들이 매우 좋아하는 선물이다. 그런데 인도인들은 이 일회용 라이터를 다 사용하고도 절대 버리지 않는다. 가스를 충전해 다시 사용하기 때문이다. 싼 값에 가스를 재충전해 쓸 수 있는 방법을 잘 알고 있기에 인도인들은 일회용 라이터를 버리는 일이 없다.

일회용 면도기도 마찬가지다. 인도는 세계에서 가장 큰 면도기 시장이다. 인구가 많기 때문이다. 그러나 이 시장은 일회용 면도기 시장과는 전혀 상관이 없다. 인도 전체 면도기시장 중 일회용 면도기 시장은 1%도 채 안 된다. 근검절약이 몸에 밴 인도인들이 일회용 면도기를 한 번 쓰고 버리지 않기 때문이다.

인도 사람들이 근검절약하고 가격지향적이라는 예는 이외에도 많다. 인도에 성공적으로 진출한 현대자동차나 LG전자, 삼성전자의 사례는 이를 극명히 보여준다.

지난 1996년 인도 남부 첸나이(옛 마드라스)에 진출한 현대자동차의 시장점유율은 2006년 현재 약 20%다. 일본 스즈끼와 인도 정부가 합작한 '국민차' 마루티에 이어 당당히 2위다. 인도 대표 자동차 기업인 타타모터스는 3위로 처졌다. 1,000cc 이상 소형차만을 기준으로 하면 현대자동차가 사실상 1위다. 왜냐하면 마루티 자동차는 현대차가 생산하지 않는 800cc급 경차만을 주로 만들기 때문이다.

이는 곧 현대자동차가 800cc 이하 급 경차를 만들면 인도 시장 1위로 부상할 수도 있다는 것을 뜻한다. 한편 경차와 소형차의 폭발적인 인기는 인도인들의 근검절약과 저가지향을 잘 보여주고 있다.

상류층 상대 고가품 판매 저조

상류층 상대 마케팅은 어떨까. 인도 상류층은 인구의 1%만 해도 1,000만 명이 넘는다는 계산이 나온다. 그래서 인도 시장을 잘 모르는 사람들은 이들 상류층을 대상으로 고가품을 팔면 큰 수익을 낼 수 있지 않을까 생각한다.

그러나 각종 판매 통계는 예상과 다르다는 것을 보여준다. 자동차의 경우 상류층을 250만 가구로 추산할 때 2,000cc 이상의 자동차 판매 대수가 100만 대 이상은 되어야 한다. 그러나 실제로는 40만여 대에 그치고 있다.

세탁기도 한국에서 잘 팔리는 9kg 이상 대형 제품은 소형에 비해 판매가 시원찮다. 중형에 속하는 대우자동차의 씨에로 판매가 부진한 것도 마찬가지 이유다. 인도 역시 경제성장과 개방이 지속되면 언젠가 고가품 수요 위주로 시장이 바뀔 가능성이 있다. 그러나 한동안 인도는 초저가 지향 시장으로 남을 것이다.

인도는 유럽문화권 한류 잘 안 통해

요즘 한류(韓流) 열풍이 한창이다. 중국, 일본, 대만 등 동북아시아는 물론 태국, 베트남 등 동남아시아, 중앙아시아까지 확산되고 있다. 그러나 인도는 아니다. 잘 나가던 한류가 인도에선 커다란 장벽에 가로막혀 있다.

현재 인도대사관을 중심으로 인도에도 한류를 확산시키려는 노력을 하고 있으나 쉽지 않다. 이 노력의 일환으로 2005년 중반 인도 전역에 〈아라한 장풍대작전〉이란 영화를 상영했다. 2006년에는 드라마 〈해신〉과 〈대장금〉을 텔레비전에서 방영하기도 했다. 그러나 결과는 기대 이하였다.

최정일 인도 대사는 "인도는 문화가 여타 아시아 지역과 달라 한류 붐이 일기에 어려운 점이 있다"고 말했다.

인도나 중국은 같은 동양문화권이지만 상당히 다른 문화를 가지고 있다. 중국은 우리와 같은 유교와 한자문화권이지만 인도는 유럽문화권에 더 가깝다. 미인을 보는 인도인들의 기준도 우리와 상당히 다르다. 인도인들은 한국 최고 미인들도 그다지 높게 평가하지 않는다. 그래서 많은 인도인들은 한류 스타들을 보고도 "저런 사람들이 무슨 스타냐"란 질문을 종종 던진다고 한다.

인도인들에게 아름다운 여성이란 이목구비도 크고 뚜렷한 사람이다. 즉 서구적 미인이다. 그러나 몸은 살이 적당히 오른 약간 펑퍼짐한 여자를 미인으로 친다. 물론 요즘 젊은 세대들의 미의식은 다르다. 우리 식의 '몸짱'을 선호하는 젊은이들이 빠르게 늘고 있다.

한국의 '빨리 빨리' 문화 접목 어려워

인도 문화는 우리에게 잘 와 닿지는 않는 문화다. 그러나 인도에서 사업하기 위해서는 먼저 인도를 알고 인도인과 그 문화를 이해하는 노력이 중요하다. 서로 이해가 안 되는 상태에서 그냥 한국식으로 밀어붙이면 듣는 척은 하겠지만 자발적 의지는 끌어내지 못한다.

삼성전자 인도 지사의 김현수 차장은 "인도인들의 문화는 영국이나 미국 등 서구에 가깝다"면서 "인도 문화의 이해는 그 무엇보다 성공적 사업의 선결 조건"이라고 말한다.

인도 문화와 인도인을 이해하기 위해선 일단 영어를 잘 해야 한다. 현지인처럼 잘 할 수야 없겠지만 최소한 상대의 말을 알아듣고 자신의 의사를 전달할 수 있는 정도는 돼야 한다. 영어가 안 되면 문화 이해가 안 돼 의심하게 되고 사업에도 지장을 초래한다는 것.

특히 한국의 '빨리 빨리' 스타일은 인도인들에게 잘 먹히지 않는다. 막연하게 '대충 끝내봐' 하는 식으로 주문을 해서는 곤란하다. 업무를 분업화 · 조직화해서 정확하게 분담시킬 필요가 있다.

강호섭 인도 LG전자 부장은 "인도인들은 맡겨진 일들은 잘 한다"면서 "제품을 언제까지 어떻게 만들라고 정확하게 오더를 줘야 큰 효과가 있다"고 말한다. 그는 또 "인도인들은 미국이나 유럽 등 서구인들처럼 아이디어가 좋고 프레젠테이션 능력에서도 뛰어나다"고 덧붙였다.

한국기업 "인도 투자 만족해요"

인도에 진출한 한국 기업들의 만족도가 브라질, 러시아 등 경쟁 신흥국가보다 훨씬 높은 것으로 조사됐다.

KOTRA와 삼성경제연구소가 2005년 인도, 브라질, 러시아 등 유망 신흥투자 국가를 대상으로 한국 진출기업의 영업실태를 조사한 결과 인도 진출 기업들의 만족도가 매우 높게 나타났다. 설문에는 인도 진출 기업 중 37개사가 응답했다.

인도 진출 기업들은 성장성(67.6%)과 수익성(59.5%) 면에서 큰 만족도를 보였다. 성장성 만족도에서 러시아는 34.8%, 브라질은 45.5%였다. 수익성 만족도에선 러시아 26.1%, 브라질은 36.4%에 불과했다.

주된 성공요인으로는 '내수시장의 성장'을 가장 많이 꼽았으며(16.2%) 시장선점(8.1%), 철저한 현지화 전략(5.4%)이 그 뒤를 이었다.

주된 애로요인으로는 인력관리(7.0%), 인프라스트럭처 취약(5.4%), 경쟁사의 가격경쟁력(5.4%) 등을 꼽았다. 그러나 다수 기업들은 '인도 사업에서 별다른 애로가 없다'(48.6%)고 응답했다.

인도 진출 기업 설립형태는 단독법인이 43.2%로 높았다. 합작법인은 10.8%였다. 단독법인은 러시아와 브라질에 비해 상대적으로 높았다. 진출업종은 제조업이 54.1%로 가장 많았다. 이어 금융보험업이 8.1%, 운수창고업 8.1%, 건설업 8.1% 등이었다.

인도 진출 기업의 매출 증가율은 11~20%가 가장 많았다(21.6%). 그 다음으로 매출 증가율이 21~30%에 달한다고 답한 기업은 13.5%였다. 증가율이 10% 이하인 기업은 5.4%였으며, 50%가 넘는다고 답한 기업(2.7%)도 있었다.

인도에 진출한 기업들의 상품은 수출보다는 주로 인도 내수 위주였다. 80.9%가 내수시장을 목표로 했고 수출 목적이라고 답한 기업은 19.1%에 그쳤다. 인도 진출 기업의 내수시장 판매율은 브라질(69.5%), 러시아(45.0%)보다 월등히 높은 것이다.

진출 국가 법규와 제도와 관련해 인도 진출 기업들은 환율이 안정되고(78.4%), 금융시장이 발달해 있다(67.6%)고 높이 평가했다. 반면 해고가 용이하지 않고(27.0%), 노조 파업 정도(35.1%)도 비교적 많다고 생각하고 있었다.

특히 인프라에 대한 인도 진출 기업의 항목별 만족도는 러시아나 브라질 진출 기업에 비해 크게 낮았다. 통신서비스 만족도는 8.1%, 통신요금 수준 18.9%, 전력공급의 안정성 8.1%, 전력요금 수준 5.4%, 공업용수 상태 16.2%로 전반적으로 인프라에 대한 만족도가 낮았다.

인도 비즈니스 로드맵

'시장규모를 과대평가하지 마라. 합작투자는 신중하라. 최종 결정 권자를 만나라…'

KOTRA가 제시한 인도시장 진출 성공 전략이다. 인도시장에 대한 한국 기업들의 관심이 높아지고 있는 가운데 KOTRA는 이런 내용을 담은 '인도 비즈니스 로드맵'을 발간했다. KOTRA가 제시하는 인도 진출 성공전략을 간략히 살펴본다.

- **시장규모를 과대평가하지 마라** – 인도시장을 인구의 크기만으로 판단해서는 안 된다. 인도 중산층은 2억 5,000만~3억 명에 달하는 것으로 추산된다. 이 정도면 사실 거대한 시장이다. 그러나 문제는 인도인들은 근검절약이 몸에 배어 있다는 사실이다. 인도인들은 구매력 있는 중산층이라 해도 기대만큼 소비하지 않는다. 글로벌 기업들이 인도 진출에 실패한 주요 원인도 시장규모를 지나치게 낙관적으로 본 데 있다는 게 전문가들의 지적이다.

- **가능한 직접투자를 하라** – 일반적으로 해외진출은 합작투자보다 단독투자의 위험이 높다. 그러나 인도에서는 오히려 합작투자가 직접투자보다 위험하다는 평가다. 인도에서 합작투자의 성공률은 매우 낮은 것으로 알려져 있다. 합작 투자 시 신속한 의사

결정, 유연한 기업운영, 이익의 배당과 송금 등에 있어서 인도 파트너와의 갈등 등으로 인해 어려움을 겪기 때문이다.

- **가격경쟁력으로 승부하라** – 인도는 초저가 지향 시장이다. 인도인들은 품질보다는 싼 가격에 훨씬 민감하다. 인도인들은 일반적으로 가격을 유일한 구매결정 요소로 간주하는 경우가 많다. 따라서 인도에 진출할 때는 세계 어느 시장보다 가격에서 경쟁력을 갖춰야 한다. 글로벌 기업들도 인도시장에 들어갈 때는 가격정책을 새롭게 수립한다.

- **인도 비즈니스맨들을 과소평가하지 말라** – 인도 상인들은 예로부터 뛰어난 비즈니스 능력으로 명성이 자자하다. 후진국 기업인이라고 무시해선 큰 코를 다칠 수 있다. 인도 상인들은 협상의 끊임없는 지연, 계약 성사단계에서 재협상 요구 등을 하는 경우가 비일비재하다. 인도의 상담관행에 대해 깊이 이해하고 유연하게 대처할 필요가 있다. 협상테이블에 앉은 인도 비즈니스맨은 세계 어느 상인보다 날카롭다.

- **최종 결정권자를 만나라** – 인도 기업은 가족기업이 많다. 가족기업은 주로 상속에 의해 후계자가 결정된다. 이런 전통 때문에 인도 기업의 결정권은 최상위자 한 명에게 집중되어 있는 경우가

많다. 최상위자는 실무자를 만나지 않으므로 협상 시 이쪽에서도 결정권 있는 사람이 나설 필요가 있다.

• **유능한 대리인을 선택하라** – 인도는 과거 사회주의 정책 실시 잔재로 규제 법규가 아주 많다. 그래서 인도에 진출하는 기업인들은 보통 정부로부터 투자 승인을 받으면 모든 게 다 됐다는 듯이 기뻐한다. 그러나 이는 시작에 불과하다. 관련 정부부처, 지방정부의 말단 공무원까지 많은 장애가 존재한다. 이를 해결하기 위해선 지역 사정에 능통하고 지역사회에서 입지가 있는 변호사나 컨설턴트, 회계사 등 대리인을 선택하는 것이 좋다.

• **인도식 속도에 적응하라** – 인도인들의 일 처리 속도는 한국 사람에 비해 매우 느리다. 폐쇄주의적인 정책 실시로 그동안 경쟁에 노출된 적이 많지 않기 때문이다. 인도인들의 느린 행동은 바이어와의 상담, 관공서에서의 업무처리, 화물운송 등 어디에서나 확인할 수 있다. 효율적인 비즈니스 진행도 중요하지만 지나치게 조급함을 나타내선 안 된다. 한국식의 '빨리 빨리' 문화는 인도에서 먹혀들지 않을 뿐 아니라 여러 문제를 일으킨다.

• **지역별로 공략하라** – 인도는 광활한 영토와 11억의 인구를 갖고 있다. 이런 거대한 시장을 보고 인도에 진출한 기업들은 보통 인

도 전역을 상대로 영업을 하고 싶어 한다. 그러나 인도에선 높은 부동산 가격, 운송 인프라 미비 등으로 인해 한꺼번에 전국 단위의 유통망을 갖추는 것은 불가능하다.

인도는 4대 도시를 중심으로 형성된 4개 상권별로 지배적 상인 조직과 특성이 구분된다. 따라서 지역별·권역별로 나눠 인도에 진출하는 것이 필요하다. 시장진출 초기 단계에는 특정지역이나 상권에 집중하는 게 좋다. 그러다 성과가 좋으면 점차 에이전트 활용 범위를 확대하는 것이 바람직하다.

• **애프터서비스에 최선을 다하라** – 기계류와 내구소비재의 경우 인도에는 전문 인력이 매우 부족하다. 따라서 제품을 판매한 이후에 현지에서 보수하는 것이 어렵다. 이에 따라 인도 바이어들은 종업원에 대한 교육과 자체 유지보수를 위한 매뉴얼의 유무를 중요하게 생각한다. 특히 애프터서비스에 대해 좋은 방안을 제시하면 많은 신뢰감을 갖는다.

• **법·제도 변화를 주목하라** – 인도는 최근 경제개방 속도가 빨라지면서 관련 법규가 수시로 개정되고 있다. 투자정책 및 기구도 끊임없이 변화하고 있다. 법과 제도 변화의 동향을 지속적으로 파악함으로써 현명한 판단을 내려야 한다. 정확한 의사결정은 비즈니스 성공의 지름길이다.

4

'철강왕' 락시미 미탈도 마르와리

세계에서 가장 장사를 잘 하는 사람은 유태인이라는 말이 있다. 그러나 유태인을 능가하는 사람이 아랍 상인이고, 인도 상인은 그 아랍 상인을 뺨친다고 한다. 인도 상인들은 수천 년 전부터 배를 타고 다니며 상품거래를 했다. 이들은 외국 식민지를 만들며 문화를 전파하고 자국 인구를 이주시키면서 무역을 했던 능수능란한 상인이었다.

오늘날에도 인도 상인은 중동, 아프리카, 동남아, 유럽, 미국 등 전 세계에 나가있지 않은 곳이 없을 정도로 활발한 활동을 하고 있다. 인도 상인들은 '중동의 뉴욕'으로 알려진 두바이와 이집트 등 중동·아프리카 상권을 휘어잡고 있으며, 미국에서도 던킨도너츠 판매점과 모텔들을 운영하는 사람은 십중팔구 인도 상인이라고 한다.

인도 상인 중에서도 마르와리(Marwari) 상인은 유명하다. 마르와리 상인은 인도 북서부 라자스탄주 작은 마을인 마르와르(Marwar) 지방 출신의 상인들을 말한다.

대표적인 마르와리 상인은 세계 최대 철강회사인 미탈 스틸의 락시미 미탈 회장을 비롯해 비를라(Bilra)와 고엔카(Goenka), 진달(Jindal), 루이아(Ruia), 아가르왈(Agarwal) 등 인도의 대표적 재벌 오너들이 모두 마르와리 상인 출신이다.

오늘날 인도를 대표하는 기업 20개 중 상인계급인 바이샤 출신이 세운 기업이 15개나 된다. 이 15개 재벌 중 절반이 넘는 8개 기업의 소유주가 마르와리 출신이다.

인도의 외진 사막 마을 출신들이 인도는 물론 세계적으로 유명한 기업인이 되었다는 사실은 경이적이기까지 하다. 이들 마르와리 상인은 강한 유대감과 상호연대로 인도 산업계 및 유통계를 지배하고 있다. 따라서 인도 내 원활한 사업을 하기 위해서는 이들의 협조 없이는 불가능하다는 말도 있다.

돈 냄새 맡는 천부적 감각 갖춰

인도의 유명한 작가인 구르차란 다스 씨는 마르와리 상인들이 어떻게 초기 자금을 모았는지를 설명해준다.

"마르와리 상인들은 오래 전부터 토지 매매 시 필요한 자금을 대주는 등 고액 대금업에 종사했습니다. 이들은 무굴제국 시대에 소왕국의 왕자들에게 자금을 빌려주는 등의 방법으로 돈을 모았지요. 그러나 그들의 주된 활동은 '돈 놀이'였으며 본격적으로 산업에 관계한 것은 19세기 영국의 식민통치 기간 중이었습니다. 영국이 철도 건설 등으로 전국적인 시장 망을 형성하자 마르와리 상인들은 인도 시골 구석구석까지 진출해 사업을 벌이기 시작했습니다."

마르와리 상인들은 19세기 중반 처음으로 캘커타와 뭄바이, 그리고 내륙 공업중심지인 아흐메다바드에 섬유공장을 세움으로써 산업계에 본격적으로 뛰어들었다. 당시에는 파르시(Parsee), 크호자(Khoja), 브하티아(Bhatia) 등 다른 인도 상인들이 먼저 산업계에 진출해 사업을 벌이는 중이었다. 그러나 마르와리 상인들은 풍부한 자금과 뛰어난 상술로 이들을 제압하고 인도 내 최대 상인집단으로 부상한다.

작가인 구르차란 다스 씨의 말을 다시 들어보자.

"마르와리 상인들은 오랫동안 자금 대여업에 종사한 관계로 돈의 냄새를 맡는 천부적인 감각을 갖고 있었습니다. 19세기 영국 통치 하에서 캘커타가 비즈니스 중심지로 떠오르자 이들은 캘커타로 대거 몰려들어 커다란 성공을 이루었지요. 인도 유수의 재벌인 RPG그룹의 창업주 램더트 건카(Ramdutt Goenka)가 대표적인 예입니다. 그는 1830년 직업을 찾아 마르와르에서 캘커타로 상경했습니다. 처음에는 조그만 마르와리 회사에서 말단 점원으로 일했지요. 그러나 이후 영국계 회사와의 자금 중개자가 되면서 성공의 발판을 마련했습니다. 19세기 말 그의 사업은 눈부시게 번창해 금융, 섬유, 차(茶) 산업을 아우르는 대재벌로 성장했습니다.”

1860년대 델리와 캘커타 간 철도가 건설돼 캘커타는 마르와리 상인들의 사업장으로 변모했다. 이들은 결국 19세기 말쯤 인도 주력 산업인 섬유와 황마(黃麻) 산업을 완전히 장악한다.

일찍부터 ‘지식경영’ 실천

궁금한 것은 이들의 성공전략이다. 마르와리 상인들은 어떠한 비즈니스전략을 택하였기에 이처럼 놀랄 만한 성공을 거두었을까.

섬유와 철강업을 주력산업으로 하는 아디탸 비를라(Aditya Birla) 그룹의 D. 바타차르야 이사는 마르와리 상인이 성공한 중요한 이유를 들려준다.

“당시 마르와리 상인들은 자금 대여업뿐 아니라 숙박업에도 매우 능했습니다. 그래서 인도 도처에 수많은 여관을 갖고 있었지요. 이 여관들이 마르와리 성공의 비밀입니다. 이 여관들이 마르와리 상인들의 비즈니스 학습장이 되었기 때문입니다.”

여관들이 비즈니스 학습장이 되었다니 이게 무슨 말인가. 그의 말을 더 들어보자.

“낮에 비즈니스 현장에서 열심히 뛰던 사람들이 밤이면 여관에 몰려들었습니다. 이들은 이곳에서 낮에 경험한 비즈니스 사례들을 서로 교환하고 토론했지요. 즉, 이들은 서로의 경험을 통해서 교훈을 얻었고, 이를 공유함으로써 각자 사업하는 데 중요한 지침으로 삼았던 것이지요"

'서로의 경험을 통해 교훈을 얻고 이를 공유해 비즈니스 발전의 지침으로 삼는다'. 이는 요즘 말로 하면 '지식경영'이다. 이들 마르와리 상인은 당시 이미 고도의 생산성 향상을 가져오는 '지식경영'을 실천한 셈이다.

실제로 당시 인도 마르와리 상인들의 비즈니스 사례는 하버드경영대학원 등 여러 대학에서 논문으로 발표되기도 했다.

마르와리 상인들의 엄청난 성공은 또 이들의 '상호부양(相互扶養)' 제도와도 관련이 깊다. 인도 마르와리 기업인협회의 톰 팀버그 이사의 말을 들어보자.

"마르와리 사람들은 비즈니스에 있어 똘똘 뭉쳤습니다. 이들은 마르와리 출신이면 친 가족처럼 대했지요. 이들이 인도 어느 곳을 가든 대부분 바사(basa)라는 마르와리 숙소가 마련돼 있고, 이곳에서 잠을 자고 음식을 해결했습니다. 이에 드는 비용은 마르와리 상인들이 공동으로 마련한 자금으로 해결하거나 현지 마르와리가 제공했습니다."

타(他) 마르와리 기업에 아들 도제로 훈련

마르와리 상인들은 한 가정의 가장이 사업차 여행을 떠나면 부인과 그 자식들을 몇 달이라도 돌봐주었다. 마르와리 사람들 모두가 그야말로 한 가족이나 다름없었다. 사업 자금도 신용만 있으면 얼마든지 융통이 가능했다.

옛날에는 사업차 멀리 떠나면 도중에 도둑을 만나는 등 갖고 있던 돈을 잃어버릴 가능성이 높았다. 돈을 몸에 지니고 가기 어려우므로 마르와리 상인들은 그저 빈 몸으로 갔다. 목적지에 도착하면 현지에 있는 마르와리 상인들이 차용증도 없이 돈을 빌려주곤 했다. 설사 한밤중에 돈을 빌려줄 것을 요청해도 싫은 내색 없이 자금을 대여해주었다. 마르와리 사람들은 서로 가족과 같이 여기기 때문이다.

팀버그 이사는 "이들은 빌린 돈으로 돈을 벌면 자기가 갖지 않았습니다. 모두 마르와리 공동체로 보냈지요. 만약 사업하다 망하면 이들은 평생 동안 일을 해서라도 모두 갚습니다. 사업에 실패한 자라도 그 가족이 굶어 죽는 법은 없었습니다. 공동체에서 지원을 해주기 때문이지요. 심지어 아버지가 사업에 망했다 하더라도 유능한 마르와리 젊은이들은 많은 돈을 들여서라도 해외 유학을 보내주곤 했습니다. 마르와리는 바로 신용을 바탕으로 한 친족 공동체였기 때문입니다"라고 말한다.

물론 같은 커뮤니티(카스트) 안에서 신용만으로 돈을 빌려주는 상인이 마르와리만의 특성이라고는 하기 어렵다. 왜냐하면 인도인들은 같은 카스트 간에 결혼하므로 동일한 커뮤니티 사람들은 서로 친척이어서 친척 간 서로 믿고 돈을 빌려주는 것이 일반적이었기 때문이다.

다만 마르와리 상인들은 다른 상인들에 비해 유난히 상호 부조가 강하고 이를 시스템화했다는 것이고, 이는 역설적으로 빌려간 돈을 갚지 않는 등 신용을 깰 경우 그에 상응한 보복이 있었을 것임을 시사한다.

실제로 신용을 지키지 않는 사람들은 커뮤니티에서 제외되는 등 가차 없는 제재가 가해졌다. 공동생활을 최고의 가치로 여기는 인도 사람들에게 공동체로부터의 배제는 견디기 어려운 고통이었을 것이다. 사업하다 망했을 경우 평생 동안 벌어 갚으려 한 것도 바로 이 때문이라 할 수 있다.

마르와리 상인들은 자신의 아들이나 조카들을 다른 마르와리 기업에서 도제(徒弟)로 일하게 해 비즈니스맨으로 훈련시켰다. 이들은 친족 기업이 아닌 낯선 기업에서 일을 하며 사업 기술도 배우고, 여기서 생긴 이익금은 공동으로 분배해 나눠 가졌다. 이를 통해 장차 자신의 사업을 일굴 자본금을 축적하게 되는 것이다.

비즈니스 위험 적극 즐겨

마르와리 상인들이 성공한 또 다른 중요한 요인은 위험을 감수하는 태도이다. '고위험 고수익(High Risk, High Return)'이란 말도 있지만 마르와리 상인들은 비즈니스 위험에 누구보다 적극적으로 맞섰다.

앞서 보았듯이 마르와리 상인들은 일정한 자본을 갖고 있거나 자본에 쉽게 접근할 수 있었고, 뛰어난 비즈니스 감각과 기술을 갖추고 있었다. 그리고 이들은 상인계급인 바이샤 출신으로서 여타 계급과 달리 항상 시장과 친했고 시장의 특성을 잘 이해했다. 게다가 구성원 간 상호부양제도가 매우 활성화돼 있었다.

그러나 이런 특성들은 인도의 다른 지역 상인그룹에서도 정도의 차이는 있으나 발견할 수 있는 것이다. 마르와리 상인들을 여타 상인들과 구별하는 가장 특징적인 요소는 바로 적극적인 위험 수용 태도였다.

팀버그 이사의 말을 들어보자.

"마르와리 상인들은 위험에 대해 굶주림을 느낄 정도로 위험을 추구했습니다. 많은 마르와리 상인들은 격변의 시기인 19세기 후반과 1, 2차 세계대전 중 선물(Futures)에 대한 투자로 큰 돈을 벌었습니다. 이는 불확실성에 대한 과감한 배팅 없이는 불가능한 것이었죠. 그만큼 마르와리 상인들은 위험을 사랑하고 즐겼다고 할 수 있습니다. 이로 인해 경쟁자들은 마르와리 상인들을 두려워하고 한편으론 존경했지요."

마르와리 상인들은 그러나 영국으로부터 독립 후에는 시련을 겪는다. 왜냐하면 독립 정부가 사회주의적 정책을 채택했기 때문이다. 정부는 기업 간 경쟁을 억제함으로써 마르와리 상인들의 행동과 사업 수완을 위축시켰다.

경쟁이 죽은 사회주의 정책 하에서 그들은 굳이 혁신을 추구할 필요가 없었고, 소비자들의 요구를 만족시켜 주기 위해 최선을 다할 필요를 느끼지 못했다. 사회주의 정부 하에서 '마르와리 상인들의 신화'는 죽었다.

하지만 1991년 인도 경제가 개방됨으로써 이들은 다시 경쟁의 바다로 나왔다. 마치 물고기가 물을 만난 격이다. 지난 10여년간의 개혁과 구조조정을 거친 이들 마르와리 상인은 인도는 물론 세계를 향해 자신들의 상인적 기질을 맘껏 펼쳐 보이려 하고 있다. 그들은 세계적 거상(巨商)인 유태상인이나 중국 화교 상인에 이미 도전장을 냈다.

인도코리아센터의 이운용 대표는 "마르와리 상인들은 매우 합리적이고 계산이 치밀하며 남을 잘 믿지 않는 성격이므로 이들과 거래를 하는 경우 우리측의 대응도 치밀한 계산 하에 허점을 보이지 않도록

마르와리 소유 주요 기업		
그룹 이름	사업 부문	회사
비를라(Birla)	시멘트, 의류, 철강, 자동차, 언론	힌두스탄자동차, 그라심, 힌달코 인더스트리스, 힌두스탄타임스 등
미탈(Mittal)	철강, 철광석, 석탄	미탈스틸
고엔카(Goenka)	시멘트, 텔레콤, 자동차	RPG그룹, Dunkan그룹, CESC 등
루이아(Ruia)	철강, 석유, 텔레콤	에사르철강, 에사르석유, 허치슨–에사르 등
진달(Jindal)	철강, 에너지	진달스틸 등
바자즈(Bajaj)	스쿠터, 오토바이	바자즈자동차
아가르왈(Agarwal)	광산, 알루미늄, 납	힌두스탄징크, 마두라스 알루미늄 등

자료 : 월스트리트저널

해야 한다”며 “마르와리와는 마음을 터놓는 아주 가까운 친구가 되기는 매우 어렵다. 그러나 그들은 계산이 정확하며 벌이가 될 수 있다고 생각하면 적과의 동침도 사양하지 않는 성격이라고 볼 수 있다”고 말했다.

상인 카스트가 인도 비즈니스 장악

인도 상인들이 사업에 뛰어난 것은 카스트 제도의 영향이 크다. 상인계급은 카스트의 3번째 신분인 바이샤로 이익 추구를 삶의 목적으로 삼는다. 힌두어로 ‘아르트(Arth)’인 돈을 가장 중요시하며 윤리나 도덕은 그 다음이다. 이들은 어려서부터 비즈니스에 종사하고 경험을 많이 쌓아 탁월한 비즈니스 재능을 보인다고 한다.

마르와리(Marwari) 외에 주요 인도 상인들로는 펀자비(Punjabi), 제인(Jain), 파르시(Parsee), 체티아르(Chettiar) 등이 있다. 이들 역시 마르와리만큼은 못하지만 인도를 주름 잡는 주요 기업들의 오너 패밀리들이다.

펀자비 상인은 파키스탄 접경 지역 펀잡주 출신을 말한다. 건장한 체구에 강인한 정신을 갖고 있으며, 이를 바탕으로 육체노동에 뛰어나다. 민족주의 정신이 강한 편이고 대체로 영국 식민 통치에 대해 수치스런 감정을 갖고 있다고 한다.

주요 펀자비 기업으로는 재계서열 10위 안에 드는 타파르(Thapar)그룹과 가전제품 생산을 위주로 하는 난다(Nanda)그룹 등이 있다. 영국으로부터 독립하기 전 인도 기업 최초로 제지업에 진출한 타파르그룹은 현재 제지, 화학 등의 발라푸르인더스트리, 인조섬유를 취급하는 JCT 등 10여 개의 기업을 갖고 있다.

제인 상인은 지나교를 신봉하는 상인들로 마르와리의 일부로 분류하기도 한다. 마르와리와 마찬가지로 제인 상인들끼리는 서로 간 신용을 매우 중시하는 것으로 알려져 있다. 보석상과 대금업 등에 많이 종사한다.

파르시는 조로아스터교(배화교)를 믿는 종족으로 종교적 박해를 피해 이란에서 뭄바이 등 인도 중서부로 이주해왔다. 따라서 이들은 인도 내 기반이 취약해 살아남기 위해 매우 성실하고 근면하게 일을 했다고 한다. 마치 우리나라에서 한국전쟁 후 남한으로 피난 온 이북 사람들이 그랬던 것처럼. 파르시 상인의 대표적인 기업은 인도 최대 재벌인 타타그룹과 와디아(Wadia)그룹 등이 있다.

체티아르 상인은 인도 남부 타밀나두주 출신을 말하며, 바다를 건너 해외 교역의 선구자로 알려져 있다. 과거 인도에선 바다를 건너 해외 교역을 하는 것은 불길한 것으로 믿어 이들이 이를 전담했다. 이들은 말레이시아를 거쳐 베트남까지 진출했다고 전해진다.

이들은 우리와 마찬가지로 장유유서와 체면을 중시한다고 한다. 따라서 이들과 비즈니스를 할 때 나이가 많은 사람이면 깍듯이 존중

하는 태도를 보여주면 좋아한다. 인도 기업순위 10위권 안에 드는 맥-스픽(MAC-SPIC)그룹을 위시해 재계순위 20위권 안에 드는 TI 그룹 등이 있다.

'철강왕' 락시미 미탈 성공스토리

'총재산 250억 달러(약 24조 원)를 가진 세계 5위 갑부'(2006년 11월 〈포브스〉)

인도 출신으로 세계적 기업인이 된 '철강왕' 락시미 미탈(Lakshmi Mittal)을 두고 하는 말이다. '인도 출신'이라는 말을 쓴 것은 그가 인도를 떠나 해외에서 활동하고 있기 때문이다. 그러나 그는 인도 국적을 유지하는 등 인도에 대한 자부심이 강하다.

그는 "인도인이라는 사실이 나의 최대 장점"이라며 "다양한 언어와 민족이 공존하는 인도에서 많은 것을 배웠다"고 자랑한다.

그는 현재 영국에 소재한 '세계에서 가장 비싼 집'에 살고 있다. 그의 회사 '미탈스틸'은 네덜란드에 등록돼 있다. 따라서 일부 국내 언론이 미탈스틸을 인도 회사라고 부르는 것은 잘못된 것이다.

락시미 미탈은 2006년 6월 세계 철강업계를 깜짝 놀라게 한 빅뉴스를 발표했다. 세계 1위인 미탈스틸이 세계 2위 아르셀로를 인수·합병한다는 소식이었다. 이로써 아르셀로-미탈 합병회사의 연간 생산능력은 1억 1,600만 톤으로 2위인 일본 신일철의 3,290만 톤보다 3배나 많아졌다. 연간 생산능력 2,500만 톤으로 한때 세계 최대 철강기업이었던 포스코에 비해선 4배 이상 많다. 철강업계에 거대한 공룡기업이 탄생한 것이다.

인수합병에 의해 탄생한 새 회사의 직원 수는 자그마치 32만 명, 연간 매출은 690억 달러, 공장은 27개국에 61개사다. 락시미 미탈은 사업에 뛰어든 지 30년만에 세계 시장 13%를 장악하는 초대형 기업을 창조했다. 그는 누구이고, 어떻게 한 세대만에 세계 최대 철강회사를 만들었을까.

락시미 미탈회장

(단위: 백만)

세계 주요 철강사 순위		
순위	업체명	생산량
1	미탈스틸	49.9
2	아르셀로	46.7
3	신일철	32.9
4	포스코	31.4
5	JFE스틸	29.6
6	바오산강철	22.7
7	US스틸	19.3
8	뉴코	18.5
9	코러스	18.2
10	리바	17.5

＊2005년 연간 기준　　　자료 : 삼성증권

가난한 상인집안에서 태어나

미탈은 1950년 인도 북서부 라자스탄주에서 태어났다. 라자스탄주는 마르와리 상인의 고향이다. 실제로 그의 집안은 마르와리 상인출신이다. 어릴 적 그는 매우 빈궁한 생활을 했다고 한다. 장판이 없는 맨 콘크리트에서 생활하고, 밧줄로 엮은 침대에서 잠을 잤다고 한다.

어린시절을 라자스탄주에서 보낸 후 미탈 가족은 당시 마르와리 상인들이 몰리던 캘커타(현 콜카타) 지역으로 돈을 벌기 위해 이주한다. 이곳에서 아버지는 철강사업으로 꽤 큰 돈을 벌어 미탈은 가난을 벗고 경제적으로 유복해진다.

미탈은 캘커타의 명문 세인트사비에르스대학(경영학과 회계학 전공)에 입학한다. 대학 재학 중 그는 시간이 날 때마다 아버지 회사를 돕고, 1969년 졸업한 뒤엔 바로 아버지 회사에 들어갔다. 캘커타에서 그는 결혼도 하고, 1남1녀를 갖는다.

미탈은 1976년 인도네시아로 진출한다. 여러 가지 규제가 많은 인도에서는 사업하기 어렵다고 생각했기 때문이다. 고국인 인도를 떠나 본격적인 글로벌 기업인의 길로 들어선 것이다.

인도네시아에서 그는 '이스팟 인도(Ispat Indo)'라는 제철 회사를 운영하면서 자신의 경영능력을 발휘하기 시작한다. 그는 아버지의 도움으로 설립된 '이스팟 인도' 경영을 훌륭히 해내 장차 세계적인 경영자로서의 가능성을 보여준다.

부실기업 M&A로 몸집 키워

그의 성공 비결은 경영난에 빠진 국영기업을 싸게 사들여 이를 빠른 시간 내에 우수 기업으로 탈바꿈시키는 데 있었다. 1989년 트리니다드의 제철소 인수는 그 좋은 예다.

그는 하루 100만 달러의 손실을 기록하던 국영 철강회사를 사들여 1년도 안 되는 기간 동안에 매출을 2배로 늘리고 흑자 회사로 바꿔놓았다. 이 회사는 미국과 독일의 유명 컨설턴트와 전문가들이 회생 길이 없다며 포기한 기업이었다.

카자흐스탄에서도 비슷한 일을 해냈다. 1995년 미탈은 카자흐스탄 국영 철강업체를 인수했다. 이 회사는 6개월간 직원들의 월급을 주지 못할 정도로 문제가 아주 심각했다. 그러나 미탈은 이 회사 역시 1년도 채 안 돼 흑자로 전환시키고, 월간 생산량을 12만 톤에서 25만 톤으로 2배 이상 증가시켰다.

이어 그는 멕시코와 캐나다, 독일, 아일랜드, 남아프리카공화국 제철업체를 사들여 몸집을 급속도로 불려나갔다. 그 결과 미탈스틸은 1995년 조강능력 560만 톤에서 10년 후인 2005년에는 7,200만 톤의 조강능력을 갖춘 세계 최대의 '철강왕국'을 건설한다.

미탈의 경영 스타일 특징은 불량기업을 우량기업으로 탈바꿈시킨 후에도 이 회사들을 팔지 않는다는 점이다. 그는 우량기업으로 탈바꿈한 새 회사를 계속 소유해 덩치를 키우는 방식으로 급성장 해온 것이다.

세계에서 가장 비싼 집에 살아

미탈은 호화생활로도 유명하다. 2004년 6월 프랑스에서 초호화판

2004년 프랑스 베르사유 궁전에서 열린 락시
미 미탈 회장의 딸 바니샤 약혼식 장면.

약혼·결혼식이 있었다. 주인공은 미탈의 딸 바니샤. 20페이지가 넘는 초대장은 모두 은으로 만들었다.

약혼식은 베르사유 궁전에서, 결혼식은 보 르 비콩트 성(城)에서 개최됐다. 보 르 비콩트 성은 루이 14세의 재무경(卿) 니콜라 푸케가 당시 어느 궁전보다 호화롭게 지었다가 왕의 노여움을 사 몰락했다는 사연을 갖고 있다. 인도의 최고 인기 배우 샤룩 칸을 부르고, 오페라를 비롯한 갖가지 공연까지 닷새 결혼행사에 들어간 돈이 무려 5,500만 달러(약 550억 원)에 이르렀다.

그는 또 2004년 런던 켄싱턴의 저택을 1억 2,700만 달러(약 1,270억 원)에 사들여 세상을 놀라게 했다. 이는 지금까지 거래된 집 가격 중 최고로 비싼 것이다.

미탈스틸은 인도 기업이 그런 것처럼 가족 경영 체제를 유지하고 있다. 미탈과 그의 외아들인 아디트야(30)가 경영의 두 바퀴를 이룬다. 그러나 이 같은 전근대적인 가족 경영이 글로벌 경쟁 시대에 얼마나 통용될 수 있을지 세계는 관심을 갖고 지켜보고 있다.

중국보다 많은 인도 갑부

인도와 중국 중 어느 나라에 갑부가 더 많을까? 중국은 최근 인도보다 경제 성장 속도가 더 빠르고, 기업도 잘 나가는 것처럼 보인다. 현재 중국은 국내총생산(GDP)이나 개인당 국민소득에서도 인도보다 훨씬 앞서 있다. 따라서 인도보다 중국에 갑부가 많을 것으로 예상된다.

억만장자 인도 36명, 중국은 15명

그러나 사실은 인도의 억만장자 숫자가 중국보다 2배 이상 많은 것으로 나타났다. 미국 경제전문지인 〈포브스〉의 '2006년 인도 40대 갑부'에 따르면 인도 억만장자는 36명으로 중국의 15명보다 2배 이상 많다.

또 인도 40대 부호의 재산 총액은 1,700억 달러인 반면 중국 최고 부자 40명의 재산은 총 380억 달러에 그쳤다. 인도 40대 갑부의 재산 총액이 중국 갑부를 4배 이상 추월한 것이다.

또 인도 40대 부호 가운데 꼴찌의 재산은 7억 9,000만 달러였으나 중국은 5억 1,400만 달러로 이 분야에서도 인도가 중국을 능가했다.

그러나 여성 갑부는 중국이 인도를 앞섰다. 인도는 40대 갑부에 2명의 여성이 포함되는 데 그쳤지만 중국은 6명이나 됐다. 또 중국 40대 부호의 평균 연령은 46세인 반면 인도는 56세로 평균 10세가 많았다. 40대 부호 가운데 40세 이하는 중국이 14명, 인도는 5명이었다.

〈포브스〉의 저스틴 데오벨레 편집인은 "인도는 민간분야가 경제성장을 주도하고 중국보다 좋은 회계 시스템과 투명한 시장, 유동성 등을 갖고 있기 때문에 억만장자가 상대적으로 많을 수밖에 없다"고 밝혔다.

데오벨레 편집인은 "인도 갑부 리스트는 거의 기업공개(IPO)에 의존하고 있다"며 "향후 억만장자 수의 증가율도 중국보다 빠를 것"이라고 전망했다.

'2006년 인도 40대 갑부'에 따르면 인도 최대 갑부는 영국에 거주하는 '철강왕' 락시미 미탈이 꼽혔다. 2006년 6월 초대형 철강업체 아르셀로를 인수해 세계적 화제가 된 미탈 최고경영자의 재산은 250억 달러에 달한다. 그는 새 합병회사 아르셀로-미탈 주식의 44.7%를 소유하고 있다.

인도 갑부 2위와 3위는 인도 최대 그룹인 릴라이언스그룹을 공동경영하고 있는 무케시 암바니와 아닐 암바니 형제가 차지했다. 최근 몇 년간 인도 최대 갑부였던 아짐 프렘지 위프로테크놀로지 회장을 4위로 밀어내고 부상한 것.

암바니 형제는 2005년 부친이 물려준 그룹 경영권을 둘러싸고 세계적 관심를 불러일으켰던 '왕자의 난' 이후 릴라이언스 룹을 두개로 나누어 경영하고 있다. 형 무케시와 동생 아닐은 2006년에 재산을 각각 115억 달러, 93억 달러나 크게 늘렸다.

(단위: 억 달러)

인도 20대 갑부			
순위	이름(나이)	재산	산업
1.	락시미 미탈(56)	250	철강
2.	무케시 암바니(49)	185	재벌
3.	아닐 암바니(47)	148	재벌
4.	아짐 프렘지(61)	140	소프트웨어
5.	쿠샬 팔 싱(75)	100	부동산
6.	수닐 미탈(49)	69	정보통신
7.	쿠마르 비를라(39)	68	알루미늄
8.	툴시 탄티(48)	59	풍력에너지
9.	라메시 찬드라(67)	53	부동산
10.	팔론지 미스트리(77)	49	건설
11.	아닐 아가르왈(53)	45	광산
12.	샤시 & 라비 루이아(63)	41	재벌
13.	아디 고드레지(64)	40	재벌
14.	쉬브 나다르(61)	37	테크놀로지
15.	인두 자인(-)	30	언론
16.	딜립 샹흐비(51)	27	의약
17.	라훌 바자즈(68)	23	제조
18.	간디 라오(57)	22	인프라
19.	바바 칼야니(57)	21	제조
20.	칼라니티 마란(41)	19	언론

자료 : 〈포브스〉 2006년 11월호

'마이카 시대' 서곡

"승용차를 타고 다니면 사람들이 부러워하고 존경하지요. 인도에서 승용차는 신분의 상징입니다."

인도 뭄바이에서 영화홍보업에 종사하는 라주 바노트 씨(48)는 2005년 11월 현대 상트로(한국명 아토스)를 구입했다. 한 달 월급이 2만 루피(약 50만 원)인 그는 그동안 모아둔 돈 약 200만 원을 선금으로 지불하고 나머지는 5년 할부로 지불키로 했다.

차 값으로 큰 부담이 되지만 자기보다 수입이 적은 친구들도 요즘 차를 구입하는 분위기다. 일단 차를 몰고 다니면 친척 등 주변 사람들이 매우 부러워한다. 마치 지난 1980년대 우리와 비슷하다.

1인당 국민소득이 700달러에 불과한 인도에 마이카(My Car) 열기가 뜨겁다. 1인당 국민소득이 낮은 것은 11억이나 되는 거대한 인구 때문이다. 자동차를 살 수 있는 국민소득 5,000달러가 넘는 중산층은 2억~3억 명에 달한다.

경제가 빠르게 성장하면서 주머니가 두둑해진 중·상류층 인도인들이 승용차 구입에 열을 올리고 있다. 승용차가 신분의 상징으로 인식되면서 자동차를 구입하는 사람들이 급속하게 늘어나고 있는 것. 요즘 인도에 가면 교통지옥을 실감하는 이유도 여기에 있다. 도로 확충 속도보다 자동차 증가 속도가 빨라 뉴델리나 뭄바이, 벵갈루루, 콜카타 등 대도시 도로는 만성 정체 상태다.

2005년 한 해 동안 인도에서 팔린 자동차는 144만 대. 전년도에 비해 12%가 증가했다. 이중 승용차는 85만 3,000대였다.

물론 이는 2005년 1,700만대가 팔린 미국 시장에 비하면 아직 '새 발의 피'다. 그러나 연평균 8%에 달하는 높은 경제성장률과 11억 명이 넘는 인구를 고려할 때 인도 자동차 시장의 성장 잠재력은 무궁무진하다.

현재 인도의 자동차 보급률은 매우 낮은 편이다. 인구 1,000명 당 승용차 보급대수는 고작 8대 정도다. 우리나라가 230대, 미국 캐나다 등 북미지역이 500대, 유럽이 1,000대인 것에 비교가 되지 않는다. 심지어 스리랑카와 파키스탄의 13대에도 크게 못 미치고 있다. 이는 그만큼 인도 자동차 시장의 성장 가능성이 무한하다는 것을 의미한다.

인도에서 치열한 판매 각축전을 벌이고 있는 세계 주요 자동차 메이커들(좌에서 우로, 위에서 아래로: 일본 도요타 코롤라, 독일 벤츠, 미국 시보레 아베오(GM), 독일 오펠 벡트라(GM), 인도 타타 인디카, 이탈리아 피아트 세디치)

2030년엔 세계 3위 자동차 대국

미국 투자자문회사인 키스톤은 인도 자동차 시장이 2030년이면 중국과 미국에 이어 세계 3위가 될 것으로 전망한다. 키스톤은 보고서를 통해 중국 자동차 시장이 연간 6,200만 대, 미국 2,300만 대, 인도 시장은 2,000만 대에 달할 것이라고 예상한다.

2005년 인도 자동차 시장이 약 140만 대였다는 점에 비추어 앞으로 25년간 매년 12%씩 고속 성장하는 셈이다.

보고서는 일본, 한국, 유럽 등이 노령화에다 자동차를 보유하는 비용이 증가해 자동차 시장 규모가 줄어드는 반면 인도는 국민소득 증가로 갈수록 시장이 커질 것이라고 밝혔다. 이에 따라 미국, 일본, 중국, 독일, 영국 등 세계자동차시장 '빅5' 순위가 2017년을 기점으로 중국은 미국을, 인도는 일본을 제칠 것이라고 내다봤다.

제너럴모터스(GM)의 닉 라일리 아태담당 사장도 인도가 아직은 북미나 유럽에 미치지 못하지만 앞으로 세계에서 가장 빠르게 성장하는 시장이 될 것으로 전망된다고 강조했다.

인도가 향후 자동차 황금시장이 될 것으로 예상됨에 따라 세계 유수 자동차 회사들이 인도로 몰려들고 있다. 이미 인도에 진출해 있는 자동차 업체들도 전열을 가다듬고 점유율 확대를 위해 치열한 각축전을 벌이고 있다.

현대와 기아자동차를 비롯해 제너럴모터스(GM), 포드, 다임러크라이슬러, 도요타, 혼다, BMW, 인도의 마르티, 타타, 힌두스탄 등이 생산증대와 신규 공장 설립 등 계획을 잇달아 발표했다.

세계 유수 자동차 각축

인도 자동차 주력 판매시장은 소형차다. 아직은 인도인들의 소득이 낮아 중대형보다는 경차와 소형차에 대한 수요가 크기 때문이다. 그러나 최근 인도 국민들의 소득이 빠르게 증가하면서 중대형차와 고급차에 대한 선호도 크게 늘고 있다.

인도 자동차 시장을 석권하고 있는 브랜드는 마루티-스즈키다.

인도 마루티 유동(Maruti Uydong)자동차와 일본 스즈키 사가 합작해 만드는 경차다. 마루티의 주주인 인도 정부가 74%, 스즈키가 26%의 지분을 갖고 있다.

마루티는 2005년 기준 점유율이 55.7%에 이를 만큼 인도 자동차 시장을 장악하고 있다. 인도 거리에 굴러다니는 승용차의 절반 이상이 마루티라고 보면 된다. 마루티에 이어 인도시장 점유율 2위는 1998년 인도에 진출한 현대자동차다. 2005년 점유율이 19.8%로 18.4%를 기록한 토종 타타자동차를 제치고 당당히 2위를 내달렸다. 타타자동차는 몇 년 전 대우상용차 부문을 인수할 만큼 자본력이 튼튼한 인도 대표 브랜드다.

뿐만 아니다. 현대차는 성장률 측면에서도 이들의 추종을 불허할 정도여서 1위 마루티에도 커다란 위협이 되고 있다. 현대자동차의 2005년 판매증가율은 14.4%로 마루티(9.0%)나 타타자동차(9.6%)를 훨씬 앞질렀다. 현대는 인도에서 상트로(국내명 아토스)와 겟츠, 엑센트, 엘란트라, 소나타, 테라칸 등을 팔고 있다.

타타에 이어 2005년 인도에서 4번째로 가장 많이 팔린 차는 일본 혼다자동차였다. 2005년 혼다의 인도시장 점유율은 5%로 현대차의 4분의 1에 불과하다. 그러나 혼다의 판매증가율은 17.6%로 매우 높아 장차 현대에 위협적 존재가 될 가능성이 있다.

소형차 시장 잡기 혈전

인도 주력인 소형차 시장을 잡으려고 현재 세계 자동차 회사들은 피를 말리는 사투를 벌이고 있다. 특히 2005년 인도정부가 소형차에 대한 소비세를 24%에서 16%대로 대폭 인하함에 따라 이들 자동차 회사들의 경쟁은 더욱 치열해지고 있다. 마루티-스즈키는 정상을 지키기 위해 50만 대인 생산능력을 2007년까지 75만 대로 늘리기로 했다. 타타자동차도 잇달아 저가형 모델을 내놓으면서 생산능력을 25만 대로 확충키로 했다.

인도 자동차회사의 자존심인 타타자동차는 마루티와 현대차를 잡기 위해 200만 원 대의 국민차를 생산키로 했다. 인도에서 판매되고 있는 승용차 중에서 가장 싼 마루티(약 470만 원)를 공략하겠다는 의도다.

라탄 타타 타타자동차 회장은 "인도에서 가장 싼 10만 루피(250만 원 정도) 이하의 '패밀리 카'를 생산하기 위해 웨스트벵갈주에 100억 루피를 투입해 공장을 짓기로 했다"고 밝혔다. 5인용인 이 초저가 자동차는 2008년 출시될 예정이다.

시티(City)와 어코드, 스포츠유티릴티차(SUV)로 인도 시장 점유율을 높여가고 있는 혼다자동차 또한 고급 해치백 모델인 재즈(Jazz)를 출시하며 인도 소형차 시장에 뛰어들었다.

세계 최대 자동차회사 등극을 눈앞에 둔 도요타도 손을 걷고 나섰다. 도요타는 2010년까지 전 세계에 걸쳐 1,000만 대를 판매한다는 야심 찬 계획을 갖고 있다. 그러나 인도에선 소형차 전문업체인 마루티나 현대자동차에 가격경쟁에서 밀리고 있는 상황이다.

인도 자동차 시장은 2005년 12% 성장했다. 그러나 도요타 자동차 판매량은 오히려 9% 줄어들어 인도 시장 점유율이 1.2%에 그쳤다. 그렇다고 도요타로선 거대한 잠재력을 갖고 있는 인도 시장을 포기할 수도 없는 상황이다. 앞으로 지속적으로 성장하기 위해선 개도국 시장에 초점을 맞춘 값싼 자동차를 공급하는 것이 필수적이라고 도요타는 판단하고 있다.

이에 따라 도요타는 인도를 비롯한 개도국 시장을 겨냥해 80만 엔(약 700만 원) 이하의 전략차 개발에 나섰다. 도요타가 추진하는 이 전략차종은 배기량 1,000cc급 소형으로 엔진 등 부품 소재단계부터 원가를 절감할 계획이다.

이 전략차는 자회사인 다이하츠의 기술을 활용해 일본 내 연구소에서 설계한다. 그러나 생산 비용을 줄이기 위해 생산과 부품 조달은 인도 현지에서 하기로 했다.

현대자동차는 도요타가 인도 소형차 시장에 본격적으로 진입하려 하자 바짝 긴장하고 있다. 그래서 연간 28만 대의 생산능력을 갖고 있는 제1공장에 이어 2007년 말까지 30만 대 생산규모의 제2공장을 새로 지을 계획이다. 제1, 2공장을 합쳐 총 60만 대의 생산능력을 갖추기로 했다.

벤츠, BMW는 고급차 전쟁

미국 시장에서 일본과 한국 자동차 등에 고전을 면치 못하고 있는 포드와 제너럴모터스(GM) 등 미국자동차 기업도 떠오르는 인도 자동차시장을 잡기 위해 혈안이다.

GM은 3억 달러를 투자해 시보레 소형 모델인 스파크 생산 공장을 인도에 건설중이다. 이 공장이 완공되는 2008년부터 연간 14만 대를 생산할 예정이다.

포드는 인도 시장을 겨냥해 특별히 제작한 1,300cc급 '아이콘(Ikon)'을 내놓는 등 본격적인 판매 경쟁에 뛰어들었다. 포드는 2006년 인도에 7,500만 달러를 새로 투자해 총 투자액이 4억 5,000만 달러가 됐다.

GM과 포드는 미국에서와 마찬가지로 대폭적인 가격인하 전략으로 인도 시장을 파고들고 있다. 인도 자동차 시장은 포드, GM 등이 주도하는 가격전쟁으로 최근 3년간 자동차 값이 무려 20%나 떨어졌다. 그러나 이런 가격인하 전략에도 불구하고 포드와 GM의 인도 자동차 시장 점유율은 2005년 각각 2.5%, 1.9%에 불과했다.

인도시장에서의 자동차 전쟁은 소형차에만 한정되지 않는다. 최근 인도 중산층과 상류층의 증가로 고급차에 대한 수요가 늘면서 벤츠, BMW 등의 각축도 갈수록 치열해지고 있다.

최고급 승용차의 대명사인 다임러크라이슬러의 벤츠는 2005년 2,019대를 팔았다. 11억의 인구를 가진 나라에서 겨우 그 정도밖에 팔지 못했느냐고 묻는 것은 우문(愚問)이다. 중요한 것은 성장률이다. 벤츠는 지난 5년간 연평균 20%에 가까운 매우 높은 판매 증가율을 나타내고 있다.

뭄바이에서 벤츠 판매상을 하는 스리니 라잠 씨는 "주요 고객은 최근 비즈니스를 해서 돈을 많이 번 기업인들이라며 특히 정보기술(IT) 기업에 근무하는 젊은 사람들이 많다"고 말했다.

영국 BBC방송은 "지난 1990년대 초 경제 개방 후 풍족해진 인도인들의 관심이 소형차에서 고급차로 넘어가고 있다"면서 "고급 자동차 한 대 값은 보통 인도인들의 평생 임금을 넘는다"고 전했다.

벤츠 딜러인 모한 마리와라는 "인도 구매자들은 더 이상 연비나 가격이 아닌 디자인과 브랜드를 보고 자동차를 선택한다"며 "심지어 인도인들은 가격이 2만 5,000달러(약 2억 5,000만 원)를 넘지 않으면 페라리나 애스턴 마틴 등 더 비싼 자동차를 사길 원한다"고 말했다.

지난 1987년 포드에 인수된 애스턴 마틴은 007영화에 나오는 차로 한 해 생산대수가 1,000대를 넘지 않는 초호화 스포츠카다.

벤츠와 더불어 세계 명차로 통하는 BMW도 현대자동차가 진출해 있는 인도 남부 첸나이에 조립공장을 세우고 다가올 고급차 혈전에 대비하고 있다. BMW는 2007년부터 가솔린과 디젤형 3시리즈와 5시리즈를 생산·판매키로 했다.

6

‘인도의 베벌리힐스’ 팜 미도우스

벵갈루루 외곽 화이트필드 거리에 자리 잡은 팜 미도우스(Palm Meadows). 인도 주거형태의 미래를 볼 수 있는 곳이다.

벵갈루루 시내 중심가인 MG로드에서 20분쯤 자동차로 달리자 한적하고 아름다운 고급 주택가가 나온다. 이 곳이 서구식 주택가로 유명한 팜 미도우스.

이 마을 입구에 들어서자 이름 그대로 야자수(Palm)가 길가를 죽 늘어서 있어 이국적인 자태를 뽐내고 있다. 야자수 사이로 깨끗하게 정비된 도로와 푸른 잔디가 눈에 들어온다. 푸른 잔디 위에는 산뜻하고 아름다운 고급 주택들이 멋드러지게 박혀 있다.

‘누가 이곳을 인도라 부를 것인가.’

인도의 베벌리힐스로 불리는 벵갈루루 인근 고급주택가 팜 미도우스. 집집마다 스파, 수영장 등이 잘 갖추어져 있다.

팜 미도우스를 둘러보자 이곳은 인도가 아니라는 생각이 들었다. 인도라고 하기에는 너무 깨끗하고 너무 우아하고 또 너무 고급스럽다. 마치 미국 '베벌리힐스' 등 선진국 유수의 고급 주택 단지에 와 있는 듯한 착각을 불러 일으킨다.

85에이커(약 10만 평)에 달하는 팜 미도우스에는 560여 가구가 조성되어 있다고 동행한 인도 부동산 업자는 말했다. 주택 디자인도 단순하지 않고 매우 다양하다.

주택 모델이 대충 살펴봐도 10여 개는 족히 된다. 각각의 주택이 매우 독특하면서도 세련되게 디자인되어 있다. 집집마다 정원도 예쁘게 단장되어 있고, 가로등도 고풍스런 분위기가 물씬 풍긴다. 인근에는 18홀 골프장이 자리 잡고 있어 서구 나라 주택가 못지않은 풍미를 갖추고 있다.

겉은 번드르르한데 안은 어떨까. 인도는 외관이 멋있다 하더라도 물이나 전기가 제대로 공급되지 않아 곤란을 겪는 경우가 많다. 그러나 팜 미도우스에는 그런 걱정이 없다. 자체 내에 발전기와 급수 시설이 돼 있어 24시간 전기와 수도가 안정적으로 공급된다.

집 내부에는 보안을 위해 CCTV가 설치돼 있고, 땅속으로는 인터넷 등을 위한 케이블이 가설돼 있다. 모든 방바닥과 기둥은 대리석으로 이루어져 있으며, 나머지는 원목으로 꾸며져 있다.

인테리어도 매우 인상적이다. 전통적인 인도식에 서구식을 가미한 독특한 모습이다. 세부적인 곳까지도 많은 신경을 쓴 듯 깔끔하고 세련됐다.

이곳은 인도의 유명 부동산 업체인 아다르시(Adarsh)가 몇 년 전부터 개발했다. '인도의 실리콘밸리'인 벵갈루루에는 돈 많은 정보기술(IT) 산업 부자가 많다는 사실에 착안했다.

이들 IT업체에 다니는 사람들은 외국에 산 경험이 있거나 외국에 나갈 기회가 많은 사람들이다. 아다르시는 이들의 구미에 맞추기 위해 서구식 고급주택을 벵갈루루에 선보이기로 했는데 이런 예상은 적중했다.

부동산 업자는 "아다르시가 처음 팜 미도우스를 고안할 때만 해도 과연 성공할지 반신반의했다"면서 "그러나 막상 분양을 시작하자 순식간에 동이 났다"고 말했다. 그는 벵갈루루에 이처럼 서구식 주택을 선호하는 사람들이 많은데 깜짝 놀랐다고 덧붙였다.

뭄바이 인근에 자리잡은 초고층 빌딩과 레저 공간을 갖춘 고급 아파트단지 히라난다니 가든. '인도 판 타워팰리스'로 불린다.

현재 이곳에는 IT기업 등 벵갈루루에 근무하는 고소득 사람들이나 부자들이 거주하고 있다. 한국기업을 비롯해 외국기업 주재원들도 많이 산다. 특히 최근에는 외국에 거주하던 인도 교포들의 인도로의 역이민이 늘면서 이들이 주거지로 팜 미디우스를 선호하고 있다고 부동산 업자는 밝혔다.

팜 미도우스의 성공에 따라 아다르시는 벵갈루루는 물론 뭄바이 등으로 서구식 주택 공급을 계속 확대하고 있다.

'인도판 타워팰리스' 히라난다니 가든

인도 최대도시인 뭄바이 북동쪽 포와이에 위치한 '히라난다니 (Hiranandani) 가든'. 이 곳에는 '눈에 번쩍 띌 만큼 호화로운' 30여

동의 30~40층짜리 고급 아파트가 자리 잡고 있다.

아파트 외벽은 그리스 양식의 둥근 대리석 기둥으로 둘러싸여 있어 웅장함을 자랑하고, 아파트 이름도 오딧세이, 아발론 등으로 그리스 신들에게서 따왔다. 한마디로 '인도판 타워팰리스 촌(村)'인 셈이다.

지난 2003년 완공된 33층짜리 건물에는 총 120여 채 아파트가 들어 있다. 방 3개, 욕실 3개, 거실이 있는 35평 대 아파트 한 채 가격은 4억~4억 5,000만 원으로 서울 강북 아파트 값과 비슷하다. 임대료도 전기 수도 등 관리비를 포함해 월 100만 원에 달한다. 인도의 대졸 사무직 초임(약 30만 원)을 고려하면 엄청난 금액이다.

아파트 거주민은 대부분 재벌회사 고위간부나 자산가이며, 인도에 파견 나온 외국인들도 머무르고 있다고 한다. 상류층 거주지역답게 일반인 주거지와 구분되며 트럭 등 대형 차량의 통행도 제한된다.

이 곳은 인도의 유명한 부동산 업체인 히라난다니 건설이 망고 밭을 헐값에 사두었다가 지난 2001년부터 개발하기 시작했다고 한다. 서울 여의도 면적(100만 평)보다 조금 큰 이 지역에는 르네상스 등 외국호텔, 오피스텔, 고급병원, 대형 백화점 건물 공사가 곳곳에서 진행되고 있다.

재벌회사인 타타그룹 매니저라고 밝힌 한 주민은 "주정부가 뭄바이시를 오는 2013년까지 세계 최고의 상업도시를 만들겠다고 공언한 뒤 그 계획의 일환으로 고급 주거 · 상업지역이 조성되고 있다"고 설명했다.

인도 역사상 유례 없는 부동산 호황

인도 부동산 시장이 전례 없는 호황을 구가하고 있다. 인도 경제수도인 뭄바이 부동산 가격은 최근 몇 년 간 연평균 약 100% 이상 급등했으며, 뉴델리나 벵갈루루, 콜카타 등 대도시에서도 30~70%씩 폭등했다.

대도시 아파트나 주택 가격은 많은 곳은 2~3년 사이 3~4배까지 뛰었다. 뉴델리 인근 40평 아파트의 경우 500만 루피(약 1억 3,000만 원)를 호가한다. 2~3년 전 100만 루피에 비해 5배나 올랐다.

뉴델리에서 국제 부동산 컨설팅을 하는 나이트 프랭크 씨는 "인도 전역에 걸쳐 주택, 상업단지, 소매센터 등 수천 개의 프로젝트가 현재 진행중에 있다"며 "인도 사상 최대의 부동산 호황이 진행중에 있다"고 역설했다.

프랭크 씨에 따르면 2004년 한 해 동안 인도에서 2,000만 평방피트(56만 평)의 상업건물이 건축됐다. 2005년에는 2,300만 평방피트 건축이 이루어졌으며, 2009년에는 5,000만 평방피트 건축이 이루어질 전망이다.

그는 현재 성장 속도로 보면 실제로는 예상보다 훨씬 많은 건축이 이루어질 가능성이 높다고 강조했다. 왜냐하면 소매 센터 건물과 주거 단지 건설이 예상을 뛰어 넘는 속도로 급증하고 있기 때문이다.

인도 부동산 호황은 최근 우리나라를 비롯해 전 세계에 걸친 현상이다. 그래서 일부에선 전 세계의 부동산 거품 붕괴를 우려하기도 한다. 그러나 인도는 여타 나라와 상황이 좀 다르다.

인도 부동산 시장은 그동안 기관투자가, 특히 외국인 투자가들에게는 접근이 제한된 시장이었다. 하지만 최근 인도 부동산 시장은 개방되기 시작했고, 이는 고속 경제성장과 맞물려 전례 없는 부동산 붐을 낳고 있다. 따라서 인도 부동산 붐은 다른 나라와 달리 이제 막 시작 단계라는 것이 많은 사람들의 견해다.

현재 상업건물과 주택(아파트 포함)을 포괄하는 인도 부동산 시장 규모는 한 해 500억 달러에 달하는 것으로 평가된다. 매년 15% 이상 급성장하고 있다. 임대 수입은 12%가 넘는다. 이는 중국의 9%, 선진국 시장의 5~8%에 비해 수익률이 훨씬 높다. 부동산 전문가들은 인도가 2020년까지 9,000만 가구가 부족할 것으로 예상한다.

인도상공회의소연합(ASSOCHAM)은 〈2006년 인도부동산시장 보고서〉에서 "현재 인도에서는 저소득층을 중심으로 2,000만 채의 집이 부족하지만 이는 2015년에는 8,000만 채, 2020년에는 9,000만 채로 각각 늘어나게 될 것"이라고 밝혔다.

보고서는 "이 수요를 충족시키려면 2015년까지 최소한 6,700억 달러, 2020년까지는 8,900억 달러의 투자가 필요하다"면서 "따라서 이 기간에 연간 340억 달러에서 450억 달러가 투자돼야 한다는 계산이 나온다"고 설명했다. 이 같은 전망이 실현되기 위해서는 인도 부동산 시장이 매년 14~15%씩 성장해야 한다는 계산이 나온다.

무엇보다 상업단지의 건설이 빠르게 이루어질 것으로 보인다.

2000년대 초반만 해도 11억의 인구를 가진 나라에 현대식 쇼핑몰은 단 3개에 불과했다. 그러나 3~4년 사이에 100여 개 가까이 급증했다. 전문가들은 오는 2008년까지 250개 정도의 새로운 대형 쇼핑몰이 들어설 것으로 예상하고 있다.

이와 관련해 뭄바이 부동산 개발업자인 케쿠 콜라 씨는 "인도의 쇼핑몰 증가속도는 지금까지 지구상에서 목격한 쇼핑몰 증가 추세 중 유례를 찾기 힘든 사례"라고 강조했다.

신축의 70%가 IT산업 관련

인도 부동산 시장이 뜨는 것은 크게 두 가지 이유에서다.

첫째, 경제 발전에 따라 중산층이 크게 늘면서 인도인들의 소비가 급증하기 때문이다. 소비증가는 부동산 측면에서 주택, 쇼핑몰, 엔터테인먼트센터, 멀티플렉스극장, 호텔, 사무실 건설 등으로 나타나고 있다.

또한 인도 소매시장도 머지않아 외국인에게 문호를 개방할 예정이다. 이 경우 월마트, 까르푸 등 다국적 소매체인이 인도로 몰려올 것으로 예상돼 상업건물에 대한 수요도 크게 늘어날 것으로 전망된다.

둘째, 인도가 세계 아웃소싱허브로 부상함에 따라 IT센터 건설 등에 대한 수요가 부동산 붐을 이끌고 있다. 인도 IT산업을 바탕으로 한 부동산 붐은 벵갈루루를 위시해 뭄바이, 하이데라바드, 첸나이(옛 마드라스), 뉴델리, 구르가온 등 인도의 대표적 IT도시로 확산되고 있다.

최근 들어선 IT산업 후발주자인 서부의 푸네, 북부의 자이푸르와 찬디가르, 동부의 콜카타(옛 캘커타) 등지에서도 부동산 붐이 일고 있다. 현지 부동산 업자에 따르면 요즘 건설되고 있는 건축의 약 70%가 IT산업 관련이라고 한다. IT 테크놀로지 단지와 사무실, IT 회사 근무자를 위한 주택, 이들을 위한 쇼핑센터 건설 등이다.

현재 미국, 싱가포르 등 부동산 개발자금이 인도로 몰려가고 있는 것도 바로 그 때문이다. 미국의 GE는 2005년 6,300만 달러를 인도 부동산 펀드에 투자했다. 이미 인도에 진출해 큰 수익을 내고 있는 GE가 부동산 시장에도 진출한 것. 이는 그만큼 인도 부동산 시장을 '황금노다지'로 생각하기 때문이다.

이 외에도 피델리티펀드, 골드만삭스, 메릴린치 등 세계적 저명 투자회사들이 인도 부동산 시장에 진출했으며, 싱가포르의 부동산 개발회사인 아센다스(Ascendas Pvt.Ltd)도 인도 부동산에 3억 5,000만 달러를 투자했다.

글로벌 부동산 업체 몰려

외국계 부동산 개발업자들이 가만히 있을 리 없다. 뉴욕 소재 티시만 스페이어(Tishman Speyer), 아틀랜타의 포트만 홀딩스를 비롯해 10여 개의 미국계 부동산 개발업체가 인도에 진출했다.

티시만 스페이어는 미국의 유명한 부동산 개발업체로 인도 최대 상업은행인 ICICI은행과 손잡고 인도에 부동산 합작회사를 설립했다. 두 회사가 각각 3억 달러씩 총 6억 달러를 출자했다. 티시만 스페이어는 인도 부동산 투자를 통해 연간 20~30%대의 수익을 기대하고 있다.

제리 스페이어 티시만 스페이어 회장은 "인도 부동산 시장은 우리에게 새로운 기회를 주고 있다"며 "당분간 세계 어느 곳보다 수익률이 높을 것"이라고 말했다. 티시만 스페이어는 뉴욕 맨해튼의 록펠러센터, 크라이슬러빌딩, 립스틱빌딩, 메트라이프 사옥 등 초고층 빌딩을 대거 소유하고 있는 것으로 유명하다.

포트만 홀딩스는 뭄바이에 200채짜리 아파트단지를 건설했고, 로스앤젤레스에 본사를 두고 있는 오카우드 월드 와이드는 주상복합단지 위주로 건설하고 있다.

인도 정부, 부동산 투자제한완화

미국 외 부동산 업체로는 앞서 말한 싱가포르의 아센다스가 대표적인 사례. 1994년 일찍이 인도 부동산 시장에 진출한 아센다스는 타타그룹과 공동으로 벵갈루루에 첫 테크놀로지파크를 세웠다. 아센다스는 이후 하이데라바드와 마드라스, 콜카타, 푸네 등에도 테크놀로지파크를 세우거나 건설중에 있다. 그만큼 인도 부동산 시장을 꽉 잡고 있는 셈이다.

청 시악 칭 아센다스 대표에 따르면 아센다스는 2006~2007년에도 인도 시장에서의 선두를 유지하기 위해 10억 달러를 투자할 계획이다. 아시아 최대의 쇼핑센터 운영자인 싱가포르의 캐피탈랜드(CapitaLand)도 조만간 인도 부동산 시장에 진출할 계획으로 있다.

이처럼 인도 부동산 시장에 외국인 투자가 몰리는 것은 2005년 2월 인도 정부가 부동산에 대한 외국인 투자 제한을 크게 완화했기 때문이다. 이 규제 완화로 외국계 회사도 인도에 자회사를 설치하거나 인도 회사와 공동으로 투자를 할 수 있게 됐다. 즉, 인도의 부동산 개발 프로젝트에 인도 정부의 승인 없이 100% 지분을 보유할 수 있게 된 것이다.

그 전까지는 외국인 투자자가 호텔이나 아파트를 포함한 부동산 프로젝트에 참여하기 위해서는 정부의 승인을 받아야 했다. 이와 함께 외국인의 투자 한도 상한 폭도 대폭 낮췄다.

그간 외국인의 인도 부동산 개발 참여는 최소한 100에이커 이상의 부동산 개발사업에만 국한됐다. 그러나 규제 완화 조치로 최소 투자 규모 요건을 25에이커로 낮추었다.

하지만 규제 완화 조치에도 불구하고 여전히 외국인 투자자는 인도의 기존 주택이나 부동산을 사거나 팔 수는 없다. 단, 도로나 송수관 등 기초적인 인프라를 독자적으로 개발한 부분에 대해서만 매각을 허용한다.

인도 내 사업을 중단할 경우에는 인도 정부의 승인을 얻어야 한다. 또 부동산 투자 수익은 최소 3년간은 해외로 반출하지 못하도록 했다. 외국인들에 의한 투기를 막기 위해서이다.

국내 업체도 사활 건 경쟁

외국인 투자사에 맞서 인도 부동산 회사들도 사활을 건 경쟁에 대비하고 있다. DLF그룹, K. 라헤자(Raheja), 히라난다니건설 등이 대표적인 예. 이들은 본거지인 뉴델리와 뭄바이 부동산 시장 외에 다른 지역으로도 팽창을 준비하고 있다.

이들 인도 부동산회사는 건축 최신 기술과 기업 조직, 경영시스템 등에서 선진 기업에 상대가 되지 않는다. 그러나 이들 인도 기업의 장점이라면 인도 내 많은 부동산을 소유하고 있다는 점이다.

일례로 DLF그룹은 1986년 뉴델리 인근 신도시 그루가온에 3,000 에이커의 대지를 사놓았다. 그동안 개발하지 않고 그대로 두었는데 최근 그루가온이 신도시로 개발되면서 땅값이 천정부지로 올랐다. 이외에도 뭄바이에 의류공장을 인수해 놓는 등 투자해 놓은 부동산 여력이 크다. 이를 바탕으로 이 회사는 인도 전역으로의 진출을 꾀하고 있다.

DLF그룹의 최고경영자인 아르빈드 칸나 씨는 "외국계 부동산 업체가 진출한다고 해도 우리는 인도 최대 부동산 개발업체로 남을 자신이 있다"고 기염을 토했다.

많은 전문가들은 인도 부동산·건설 시장의 규모가 급속도로 커질 것으로 예상하고 있다. 뉴델리 상공회의소가 최근 발표한 보고서에 따르면 현재 연간 500억 달러 수준인 건설시장은 15년 뒤인 2020년에는 1,800억 달러 규모로 급성장할 것이라고 전망했다.

구체적으로 10만 명 이상 도시의 운송망에 500억 달러, 도로 건설에 350억 달러, 통신망 건설에 580억 달러, 항구 건설에 80억 달러 등이 각각 소요될 것으로 추정됐다. 인도 건설시장의 가능성이 무궁무진한 것이다.

그러나 잠재적 위험요소를 간과해선 안 된다. 어느 시장이든지 가격이 급등한 이후에는 조정이 있기 마련이다. 일부에선 최근 인도 부동산 시장의 급등을 우려 섞인 눈으로 바라보고 있다. 1990년대 말 전 세계적인 열기를 몰고 온 테크놀로지 붐도 거품이 거세게 꺼졌듯이 부동산 시장도 그럴 가능성이 있다는 지적이다. 이 경우 건설업체의 도산 등이 우려된다는 말이다.

인도 유수의 부동산 업체인 라헤자그룹의 라비 라헤자 회장은 "인도 부동산 시장의 가격 조정이 일어날 경우 향후 10년 내에 현재 존재하는 부동산 개발업체의 60% 이상이 문을 닫을 것"이라고 경고하기도 했다.

'인도의 건설 성공신화' 히라난다니

히라난다니건설(Hiranandani Construction)은 인도의 대표적 건설업체 중 하나로 이 회사의 성공스토리는 인도 사람들 사이에 회자되고 있다.

히라난다니 그룹은 지난 1980년대 초반 설립됐다. 창업주인 L.H. 히라난다니 씨는 가난한 집안에서 태어났다. 카스트도 바이샤(상인) 출신으로 내세울 것이 없었다. 인도 다수의 사람들이 그렇긴 하지만 어린 시절 그도 경제적으로 매우 어렵게 보냈다고 한다.

대신 공부를 잘 한 그는 의과대학에 진학해 자신의 꿈이었던 이비인후과 의사가 됐다. 의사 생활로 많은 돈을 모은 히라난다니 씨는 부동산 개발업에 뛰어든다. 지금도 인도 부동산 개발업은 시작단계에 불과하지만, 당시는 아무도 알아주지 않는 미개척 분야였다.

의사 3부자(父子)가 건설업 투신

히라난다니 씨는 장차 부동산 개발업이 노다지 산업이 될 것으로 예상했다. 인도 경제가 발전하는 것과 동시에 부동산업이 뜰 것임을 확신했기 때문이다.

지난 1990년대 초에는 두 아들(니란잔 L 히라난다니, 수렌드라 L 히라난다니)도 부동산 개발업에 가세했다. 특이하게도 두 아들 모두 의학박사 학위를 취득한 의사였다.

의사 3부자가 부동산업을 하자 주위에선 이상한 시선으로 그들을 바라보았다. 의사라는 직업만으로도 사회의 존경을 받으며 많은 돈을 벌어먹고 살 수 있는데, 왜 천한 직업 중 하나인 부동산업을 하느냐는 것이었다.

1980년대나 1990년대 초까지만 하더라도 인도의 부동산 경기는 앞이 캄캄할 정도로 불확실했다. 따라서 이들의 실적도 부진하기 짝이 없었다. 사람들의 비웃음을 받는 것도 어찌 보면 당연하다 싶었다.

그러나 히라난다니 3부자는 부동산업에 대한 열정을 포기하지 않았다. 거리가 온통 슬럼가로 뒤덮여 있는 상황에서 건설업은 이를 해결할 수 있는 중요한 도구 중 하나라고 확신했다. 이들은 미국이나 유럽 등 선진국을 자주 방문해 앞선 건설 기술과 경영방식을 배우고 자신들의 사업에 이를 도입했다.

그러던 중 뭄바이 서부지역인 베르소바(Versova)에서 시행한 작은 규모의 건설 프로젝트가 대성공을 거두었다. 당시 인도에는 없던 서구식 아파트 모형을 채택한 것이었는데 사람들의 반응이 매우 좋았다.

이에 용기를 얻은 히라난다니 3부자는 뭄바이 서부 포와이(Powai)에 '히라난다니 가든' 이라는 대형 프로젝트를 실행에 옮겨 역시 대성공을 거둔다.

두바이서 세계 최고층 주거 빌딩 건설

히라난다니 가든이 들어서기 전 포와이 지역은 그야말로 황무지나 다름없었다. 암석이 많고 땅도 황폐해 농토나 거주지로선 완전히 부적합한 땅이었다. 1차선의 비포장도로만 나 있는 상태였고, 주변에 포와이 호수가 있어 간혹 피크닉족이 다녀가곤 하던 곳이었다. 거주민들이라곤 갈 데 없는 빈민들만이 군데군데 천막을 치고 생활하고 있었다.

이렇게 척박한 지역이었던 포와이 지역이 개발 3~4년 만에 인도 최고의 거주지 중 하나인 히라난다니 가든으로 탈바꿈한 것이다. 이는 부동산 개발에 대한 확고한 신념과 예측력, 부동산개발 신기술을 가진 히라난다니 3부자가 아니었으면 불가능했을 것이라고 현지 부동산업자들은 이구동성으로 강조했다.

히라난다니 건설은 아파트, 쇼핑몰, 엔터테인먼트빌딩, 병원, 상업건물, 레저공간 등을 혼합한 최신식 마을공동체(Mixed-use communities) 개발업체 부문에서 단연 인도 최고다. '히라난다니 가든' 도 이의 결정체라 할 수 있다. 이 회사가 마을공동체 부문 관련해 건설했거나 진행중인 사업 규모는 현재까지 3,000에이커(370만 평)가 넘는다.

이 회사는 '히라난다니 가든' 같은 마을공동체를 포와이 외에 타네(Thane) 지역에도 건설했으며 뭄바이 시내에는 현재 '웨스턴 몰' 이라는 인도 최초의 플라이오버(flyover) 쇼핑몰을 건설중이다.

또 히라난다니건설은 두바이에 세계에서 가장 높은 주거 빌딩으로 높이가 장장 380m에 달하는 '23마리나' 건물을 짓고 있다.

이 회사의 직원은 1,000여 명의 전문 기술자를 포함해 6,000명이 넘는다. 회사 관계자는 조만간 3,000명을 더 채용할 계획이라고 밝혔다.

'인도의 기적' 황금사변형 고속도로

인도 도로 사정은 열악하기 짝이 없다. 인도 도로 전체의 길이는 약 350만 km로 세계에서 3번째다. 명색이 세계 3번째라고 하지만 도로 상태는 형편없다. 대부분이 1~2차선에 불과하고, 비포장이 많으며 포장이 돼 있다 하더라도 파지고 패인 곳이 부지기수다. 자동차를 타고 달리다 도중에 도로가 끊겨 황당해 하는 경우도 적지 않다.

이런 상황을 개선하기 위해 인도 정부는 1991년 경제 개방과 함께 대대적인 도로 개선 방안을 수립했다. 전국 6만 5,000km에 달하는 도로를 재정비하는 프로그램을 추진했다.

황금사변형 고속도로 지도

좁은 기존 도로를 넓히고 새로운 고속도로를 닦아 인도 전국을 도로망으로 촘촘하게 엮겠다는 계획이었다.

이는 19세기 영국이 식민통치 시 인도 전국을 연결하는 철도망을 건설한 이후 최대 역사(役事)로 통했다. 그러나 자금 부족 등의 이유로 지지부진하던 이 계획은 지난 1999년 ‘황금 사변형 고속도로(GQ Highway)’ 건설로 본격적인 추진에 들어갔다.

황금사변형 고속도로라고 불리는 이유는 이 프로젝트가 뉴델리, 뭄바이, 첸나이(옛 마드라스), 콜카타(옛 캘커타) 등 인도 4개 주요 대도시를 사변형 띠처럼 연결하는 대공사이기 때문이다.

총 길이 5846km… 경부고속도로 14배

인도 전역 13개 주를 연결하는 이 프로젝트는 고속도로 총 길이가 5,846km에 이른다. 당초 이 도로는 2005년 말까지 끝내기로 계획했으나 1년 연장해 2006년 말까지 완공키로 수정했다.

황금사변형 고속도로는 인도 내에서 ‘기적’으로 일컬어지고 있다. 수많은 이해관계를 가진 집단의 이해를 조정하면서 결국 완공단계에 이르렀기 때문이다.

인도는 세계 최대의 민주주의 국가로 통한다. 그래서 일당 독재식으로 밀어붙이는 중국과 달리 어떤 일을 하나 추진하려면 거쳐야 하는 절차가 아주 복잡하다.

극심한 관료주의와 부정부패도 일의 진척을 방해한다. 황금사변형 고속도로 공사중에도 관료들의 뇌물 수뢰사건이 터져 한바탕 곤욕을 치른 적이 있고, 지역 폭력 조직이 총을 들고 나와 공사를 방해하는 사건이 발생하기도 했다. 이런 여러 가지 요인들로 인해 당초 완공예정일이 미루어졌다.

그러나 우여곡절을 거치며 역사적 대공사가 마무리되고 있다. 완공된 고속도로를 달려보면 이 공사가 얼마나 대단한 것인지 실감한다.

보통 인도 도로는 그것이 고속도로라고 하더라도 차량 속도가 잘해야 40~50km에 불과하다. 도로 상태도 안 좋거니와 고속도로에 오토바이, 오토릭샤(소형 3륜택시)는 물론 자전거와 심지어 소나 낙타 등 동물들까지 함께 거닐기 때문이다.

하지만 4차선 혹은 6차선으로 잘 닦여진 황금사변형 고속도로에선 100km 이상 쌩쌩 달린다. 상태가 우수하기도 하거니와 자동차 외에 여타 교통수단의 진입이 금지돼 있기 때문이다.

예를 들어 그동안 뉴델리에서 뭄바이까지는 자동차로 통상 1주일이 걸렸다. 그러나 고속도로 건설로 하루, 길어도 이틀이면 충분하다. '인도의 기적' 이라는 말이 나오는 것도 당연하다 싶다.

우리나라 전경련에 해당하는 인도산업협회(CII)의 타룬 다스 전(前) 회장은 "고속도로 건설로 인도 교통에 혁명이 이루어지고 있다"며 "이는 근래 인도에선 볼 수 없었던 기적"이라고 평가했다.

1만 1,300km 동서 · 남북고속도로 건설

황금사변형 고속도로를 달려본 사람들은 이를 미국의 대륙횡단 고속도로에 견주며 자랑스러워하기도 한다. 세계은행은 이 고속도로 건설로 시간과 석유 절감 효과만 연간 15억 달러에 이를 것으로 추정했다. 황금사변형 고속도로 건설에는 총 70억 달러 가까운 예산이 투입됐다.

　황금사변형 고속도로와 함께 인도 정부는 동서·남북고속도로 건설도 추진하고 있다. 남북고속도로는 북쪽의 스리나가르에서 남쪽의 카니아쿠마리까지 4,000km, 동서고속도로는 서쪽의 포르반다르에서 파키스탄 국경인 동쪽의 실차르까지 3,300km 등 총연장 7,300km의 고속도로가 건설중에 있다. 이들 고속도로 건설은 2007년 말 완공될 예정이다.

　이 밖에 1~2차선 도로를 4~6차선으로 확대하는 전국고속도로발전계획(NHDP)이 추진중인데 400억 달러를 투입해 오는 2012년까지 공사를 끝낼 계획이다.

　각 주정부 또한 지방도로 개선과 건설에 적극 나서고 있어 인도는 그야말로 인도 역사상 최대의 도로 건설 붐을 이루고 있다. 인도 정부는 이들 도로가 완공되면 연간 최소 수십 억 달러의 물류비용을 절감할 수 있을 것으로 기대하고 있다.

"인도를 잡자" 한국 건설업체 진출 활발

2006년 현재 인도 부동산 시장에 진출한 한국 건설업체들은 아직 없는 것으로 파악되고 있다. 대신 인도 도로와 지하철 등 인프라스트럭처 건설에는 상당수 한국 업체들이 이미 진출해 있다.

향후 인도의 인프라 개발 투자는 한층 확대될 전망이어서 우리나라 건설업체의 대(對) 인도 수주 기회도 크게 증가할 것으로 예상된다. 특히 인도 정부는 기회 있을 때마다 한국 건설업체들이 인도의 인프라 건설에 적극 참여해줄 것을 요청하고 있다.

쌍용·GS건설, 인프라 공사 참여

GS건설과 쌍용건설은 황금사변형 고속도로 건설 공사에 참여중이다. GS건설은 2001년 인도 고속도로청이 발주한 2건의 고속도로 건설 공사를 수주했다.

하나는 뉴델리와 캘커타를 연결하는 고속도로 1,469km 가운데 동북부 비하르주에 위치한 4차선 45km 구간 공사로 4,900만 달러 규모다. 다른 하나는 구자라트주 수랏에서 마늘까지 175km 구간 공사다.

쌍용건설도 2001년 인도 고속도로청이 발주한 4,650만 달러 규모의 고속도로 공사를 수주해 건설중이다. 이 공사는 인도 북동부 비하르주 아랑가바드 지역에 뉴델리와 콜카타 사이 40km의 기존 2차선 고속도로를 4차선으로 확장 포장하는 것이다.

2003년 쌍용건설이 인도 고속도로 건설중 갱들이 쌍용건설 캠프를 공격하는 사건이 발생했다. 이후 갱들은 8개월 동안이나 자동차와 장비를 점거해 일체 가동하지 못하게 했다. 결국 비하르 주정부가 경찰력을 동원해 사태를 해결했고, 지금도 경찰들의 보호 하에 있다.

대우건설, 수력발전 댐 완공

지난 2001년 인도 뉴델리 지하철 2호선 노선 공사를 수주한 삼성물산 건설부문은 2005년 7월 이를 개통했다. 지하철 2호선 노선의 지하구간 전체 11km 중 6.6km 구간이다. 삼성물산은 2001년 당시 독일의 디비닥과 일본의 시미즈, 인도 현지업체인 L&T 사 등과 연대해 수주에 성공했다.

대우건설은 2005년 초 네팔 인근에 다울리 강가 수력발전소 댐을 건설했다. 뉴델리에서 동북쪽으로 700km 정도 떨어진 산속의 오지 중의 오지다. 대우건설이 건설한 다울리 강가 댐은 인도에선 외국 건설업체 중 유일하게 완공한 프로젝트다.

외국의 유수한 건설사들이 인도에 들어가 댐 공사를 시작했지만 모두 중도에 포기하고 말았기 때문이다. 영국 식민지 시절에 마련된, 외국기업에게 불리한 노동법에 제대로 대처하지 못한 탓이 크다. 그러나 대우건설은 이러한 상황에 대비해 인도 현지 노무사를 고용해 무난히 해결하였다.

2004년 인도 최대 석탄화력발전소 프로젝트를 3억 7,000만 달러에 수주한 두산중공업은 인도 시장 공략을 가속화하고 있다. 두산중공업은 2005년 11월 뉴델리 인근 구르가온에 설립한 인도 현지법인을 전초기지로 삼아 현지 우수 인력 채용과 발전설비 분야 대규모 프로젝트 수주에 온 힘을 쏟고 있다. 두산중공업 인도 법인은 현지 인력이 기자재 설계와 엔지니어링 등의 중요한 업무를 맡게 해 본격적인 인도 시장 공략에 나서고 있다.

이 밖에 현대중공업은 해상 플랜트 공사를 뭄바이 앞바다에서 진행중이고, 대림산업은 2005년 하르야나주 파니팟 정유공장에 900억원 규모의 원유분리시설을 완공했다. 이로써 대림산업은 1995년 이래 9개의 정유·석유화학공장을 인도에 건설했다.

(단위: 미국 달러)

한국업체 인도 건설 수주 현황				
업 체 명	2001	2002	2003	2004
14개 업체	338,165	567,773	76,662	673,781
대림산업	0	199,391	0	0
엠코	0	3,504	20,490	2,637
GS건설	86,502	0	0	0
현대중공업	33,744	0	39,715	575,397
울트라건설	43,635	0	0	51,274
한전기공	-1,786	0	11,433	17,148
쌍용건설	46,500	0	0	11,827
삼성물산	129,570	0	0	6,982
대우건설	0	0	0	6,396
한라산업개발	0	0	4,980	2,120
디자인바우하	0	0	0	1,617
현대건설	0	0	44	0
두산중공업	0	230,300	0	0
삼성ENG	0	134,578	0	0

자료 : 해외건설협회

슈퍼코끼리 인도가 온다

초판 1쇄 2007년 1월 15일
  5쇄 2008년 4월 15일

지은이 오화석
펴낸이 김석규 **펴낸곳** 매경출판(주)
등 록 2003년 4월 24일(No. 2-3759)
주 소 우)100-728 서울 중구 필동1가 30번지 매경미디어센터 9층
전 화 02)2000-2610(출판팀) 02)2000-2636(영업팀)
팩 스 02)2000-2609 **이메일** publish@mk.co.kr

ISBN 978-89-7442-433-6

값 12,000원

이 책은 방일영문화재단의 도움을 받아 저술되었습니다.